高速铁路列车运行图一体化
编制理论与方法

Integration of High-speed Railway
Train Timetabling Theory and Method

王劲 ⊙ 著

中南大学出版社
www.csupress.com.cn
·长沙·

图书在版编目(CIP)数据

高速铁路列车运行图一体化编制理论与方法／王劲
著. —长沙：中南大学出版社，2023.3
  ISBN 978-7-5487-5317-9

  Ⅰ．①高… Ⅱ．①王… Ⅲ．①高速铁路—列车运行图
—编制—研究 Ⅳ．①U284.48

  中国国家版本馆 CIP 数据核字(2023)第 051376 号

高速铁路列车运行图一体化编制理论与方法
GAOSU TIELU LIECHE YUNXING TU YITIHUA BIANZHI LILUN YU FANGFA

王劲　著

□出 版 人	吴湘华
□责任编辑	刘颖维
□封面设计	李芳丽
□责任印制	李月腾
□出版发行	中南大学出版社
	社址：长沙市麓山南路　　　　邮编：410083
	发行科电话：0731-88876770　　传真：0731-88710482
□印　　　装	长沙印通印刷有限公司

□开　　　本	710 mm×1000 mm　1/16　□印张 8.75　□字数 157 千字
□版　　　次	2023 年 3 月第 1 版　　□印次 2023 年 3 月第 1 次印刷
□书　　　号	ISBN 978-7-5487-5317-9
□定　　　价	79.00 元

前 言 ◀◀ Foreword

随着我国高速铁路网的不断完善，其高速度、高密度、高舒适性、方便快捷、低碳环保、性价比高等运营特性带来了发送旅客数量的巨大增长。2019 年全国铁路客运量达 36.6 亿人次，截至 2019 年底，高速铁路发送旅客数量占比提升了 64.1%。仅 2019 年一年全国高速铁路客运量就达 23.5 亿人次。持续增长的客运量为高速铁路的运营管理带来了新的挑战。

客流量日益增长、乘客出行跨度差异大、跨线列车与本线列车混行等因素，导致一些高速铁路主通道出现了运力紧张的趋势。同时，重点区域之间、主要城市群之间的快速通道也存在通而不畅，部分跨区域通道能力仍然出现紧张等问题。因此，在高速铁路建设事业蓬勃发展的同时，运用先进的运营管理手段提高基础设施的通过能力也是目前需要重点关注的问题。

随着人民生活水平的提高，乘客对出行的时间价值和乘坐交通工具的便捷性越来越看重。在基础设备设施短时间内难以发生重大改善的前提下，通过减少列车停站次数、压缩停站时间、减少越行发生次数等运营管理措施来提高乘客的旅行速度是目前常用的手段。同时，在线网条件允许的情况下，尽量为旅客提供更多的直达列车也是提高服务水平的关键因素。

传统的旅客运输规划是按照客运量预测、开行方案、列车运行图、车辆运用和乘务计划五个阶段分层次进行优化的，前一阶段的输出数据作为后一阶段的输入数据。这种优化方法虽然可以有效减少问题的规模、降低求解的难度，但是前一阶段的优化过程中往往缺乏对后一阶段约束条件的考量，容易造成前、后阶段优化目标和约束条件的冲突。有些优化方法会在前、后阶段增加一个反馈协调机制，即将后一阶段获得的结果反馈给前一阶段进行优化调整，然后再将结果输出给后一阶段，经过不断的反馈调节，使得两者的优化目标趋于一致。但是这种方法比较费时费力，而且在反馈调节的过程中难以保证前、后阶段的优化同时达到最优。目前，需要一种更先进、更有效的优化方法来解决这一问题。

本书作者一直从事轨道交通领域的运输组织规划与管理等相关工作，尤其对列车运行图和车站作业计划的编制进行了深入细致的研究工作。在列车运行图综合优化方面，提出了基于三维离散网络的网络流模型，并开发了改进的分支定价算法，在大规模线性规划问题的求解精度和效率方面取得了较好的成果。研究成果发表在 *Computer-Aided Civil and Infrastructure Engineering* 等业内声誉优异的 SCI 期刊。

本书从高速铁路列车运行图的编制和旅客出行的实际需求出发，结合作者多年从事列车运行图综合优化研究的经验，全面阐述了高速铁路列车运行图、车站作业计划、停站方案的编制理论与方法，总结了国内外列车运行图综合优化问题的研究现状，论证了高速铁路列车运行图一体化编制问题研究的必要性；针对现有列车运行图编制过程中忽略了列车在车站内部作业过程的问题，提出了位置-股道-时间三维离散网络，从宏观角度全面描述了列车在线路区间和车站的作业过程，从微观角度描述了列车在道岔区段和无岔区段轨道电路的占用情况，并从宏观与微观相结合的角度将列车的作业过程映射到对轨道电路的占用情况，能够更细粒度地判断列车进路之间的冲突情况，进而提供更高级别的列车运行安全保障；在此基础上，综合考虑列车运行图和车站作业计划的协同优化问题，克服了传统分层次优化方法带来的缺陷；针对现有列车运行图编制过程中较少考虑客流需求的问题，通过客票部门统计的一定时期内的客流量数据推导出各个 OD 去向的服务频率要求，并通过定性和定量相结合的方法将铁路线网上的车站划分为不同等级的节点，根据节点等级确定相应的服务频率；基于二维离散时空网络，以列车预定义始发时间的偏离值最小、总的停站次数最小和总的停站时间最小为优化目标，以满足 OD 服务频率、节点服务频率、股道数量和各类作业时间标准为约束条件，建立了一个基于离散时空网络的高速铁路列车运行图与停站方案一体化编制模型；针对现有列车运行图综合优化算法中存在的收敛速度慢、求解效率低的问题，分别从预处理阶段、限制主问题求解阶段、子问题求解阶段、分支阶段和后处理阶段提出了相应的加速策略；最后设计了多组对比实验测

3

算不同策略的加速效果，经过计算证明了提出的加速策略能够在保证精度的前提下有效提高算法的运算效率。

在本书编撰的过程中，得到了王卫东、周磊山、邱实、陈雍君、王子甲等专家的悉心指导，以及孙颖、杨波波、伍定泽、李晓健、张以沫等研究生的热心帮助和湖南蓝布科技有限公司等企业的大力支持，在此一并表示感谢。

本书是作者多年来在交通运输领域对列车运行图研究以及项目工作经验的总结和提炼，希望以此为契机与各位同仁共同分享列车运行图综合优化研究中的一些理念、技术方法等。由于作者水平有限，书中疏漏之处恐在所难免，敬请读者批评指正。

作者
2022 年 12 月

目 录 ◀◀◀ Contents

第 1 章　绪　论

1.1　概述

1.1.1　高速铁路

在我国交通运输领域中，铁路运输占据了十分重要的地位。目前，我国已经建成了规模庞大的铁路网，铁路发展取得了举世瞩目的成绩。截至 2022 年底，全国铁路营业里程达 15.5 万 km，其中高速铁路营业里程达 4.2 万 km。目前，高速铁路以其高速度、高密度、安全可靠、绿色环保、低能耗等优势，已经成为当代中国重要的一类交通基础设施。

自 1964 年日本建成全世界第一条高速铁路以来，高速铁路在世界范围内迎来了飞速发展。图 1-1 所示是 2020 年世界各国高速铁路的发展情况。国际铁路联盟的数据显示，截至 2020 年 2 月，世界范围内投入运营的高速铁路总里程已经达到 52484 km。2008 年，中国第一条高速铁路——京津城际铁路建成通车，虽然起步较晚，但是到了 2009 年底中国高速铁路的运营里程就已经跃居世界第一。截至 2020 年 2 月，中国高速铁路运营总里程已达 35388 km，占世界高速铁路运营总里程的 2/3。同时，国家发展改革委、交通运输部、中国国家铁路集团有限公司联合印发的《中长期铁路网规划》指出，到 2025 年，中国铁路网的规模将达到 17.5 万 km,其中高速铁路 3.8 万 km 左右,并将在"四纵四横"高速铁路的基础上,逐渐形成以"八纵八横"主通道为骨架、区域连接线衔接、城际铁路补充的高速铁路网。

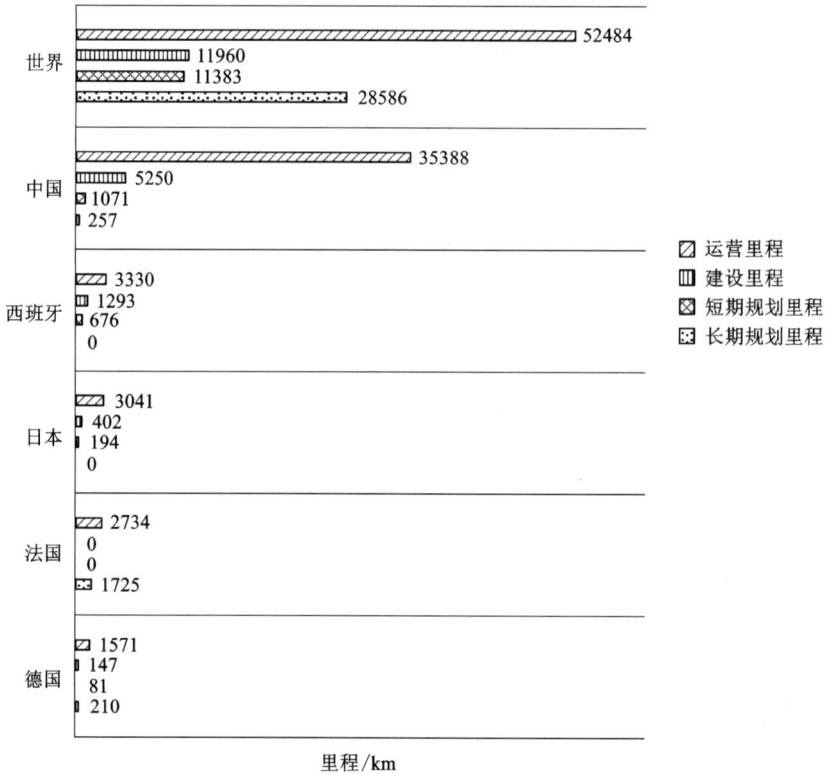

图 1-1 2020 年世界各国高速铁路的发展情况

与普通铁路相比,高速铁路只承担客运功能,发车间隔小,行车密度大,载客量高,耗时少,速度快,安全性好,正点率高,能耗低,但造价成本和技术要求更高,施建标准更严格苛刻,管理维护更复杂困难;而普通铁路一般行车速度慢,运输效率低。尽管普通铁路可以进行提速改造,但因受到技术条件、客货混跑、能力紧张等因素的制约,改造后时速仍较低。在轨道方面,高速铁路一般采用无砟轨道以及无缝钢轨以保证线路的平顺性,而普通铁路轨道普遍以有砟轨道为主、无砟轨道为辅。

1.1.2 高速铁路列车运行图

在高速铁路旅客运输组织过程中，列车运行作为其中较为复杂且重要的部分，需要各个部门及各个环节相互协调配合。其中，列车运行图是旅客运输计划和运营组织工作的核心环节，是提高高速铁路运输服务水平的关键因素。随着高速铁路的快速发展，合理编制高速铁路列车运行图是铁路运输企业生存和发展的前提。

高速铁路列车运行图是用以表示高速列车在区间运行及在车站到达、发出或通过时刻的技术文件，它规定了各次列车占用高速铁路区间的先后顺序，列车在每个车站的到达、出发和通过时刻，列车在高速铁路区间的运行时间，列车在车站的停站时间，列车在折返站的折返时间，列车交路及出入段时刻等。列车运行图的要素包括以下6项内容：①列车区间运行时分；②列车在中间站的停站时间；③机车在基本段和折返段所在站的停留时间标准；④列车在技术站、客运站和货运站的技术作业过程及其主要作业时间标准；⑤车站间隔时间；⑥追踪列车间隔时间。目前我国高速铁路列车运行图采用以横坐标为时间、纵坐标为距离的表示形式。列车运行图中的水平线表示各车站的中心线，水平线之间的间隔表示站间距离；垂直线表示时间；斜直线表示列车的运行，称为列车运行线。

与普通铁路列车运行图相比，高速铁路列车运行图具有以下特点。

（1）高峰时段更加突出

普通铁路由于旅客列车数量较少，高峰时段旅客列车密集到、发的情况没有十分明显。而高速铁路一般为客运专线，高速铁路列车运行图的列车运行线安排必须满足旅客出行规律的要求，因此通常在早时段（6：30—9：30）和晚时段（17：00—20：00）形成列车到、发的高峰时间带。高速列车高峰时段全部投入运用、非高峰时段大量闲置，造成了运力资源利用的极度不均衡。因此，高速铁路应对其高峰时段的运输能力和动车组需要量进行检算。

（2）严格的旅行速度限制

高速铁路的高运行速度是其一大特点，但最高运行速度并不等于最高旅行速度。高速列车的旅行速度也受到停站次数和停站时间的影响。为提高服务频率，缩短旅客候车时间，使旅客有充裕的时间上、下车，中间站要求有较多的列车停站和较长的停站时间。高速铁路列车运行图的编制要妥善解决保证一定的旅行速度与提高服务频率之间的矛盾。

（3）高弹性的运行线安排

列车的正点率是一个较为重要的指标，列车运行图必须要有足够的应变能力来保证列车的高正点率。列车运行线间应预留一定的冗余时间或预留备用线，这样，一旦列车运行紊乱也能尽快恢复正常，减少个别列车晚点的影响，以保证能经常处于按图行车的状态。

（4）有效时间带的出现

为了进行设施设备的养护维修，高速铁路一般采用00：00—06：00作为天窗时间。由于国内的天窗一般采用矩形天窗形式，列车又只能在06：00及其以后出发、00：00及其以前到达，因此，对不同运行距离的列车就形成了有效时间带，见图1-2。设列车运行在A、B站之间，平均旅行时间为6 h，则06：00自A站发出的列车，12：00到B站，零点到B站的列车必须在18：00从A站发出。因此该列车只能铺画在06：00—18：00的时间区域内。图中的三角区对该列车是无效的，只能用于铺画运行时间较短的列车。高速铁路列车运行图的铺画必须遵守并充分运用这一规律，以充分利用其区间通过能力。

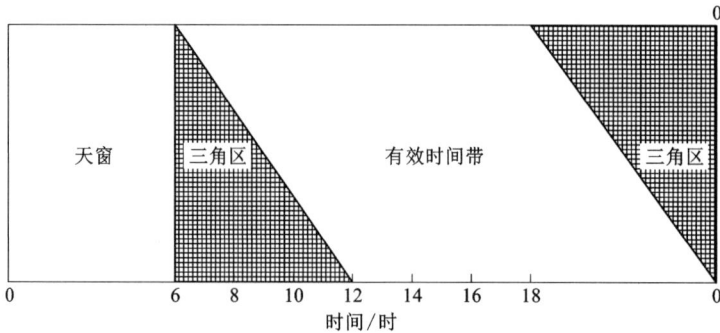

图1-2　有效时间带示意图

高速铁路列车运行图具有重要的实践意义，是运输组织规划的一部分，通常在高速列车运行之前设计并完成优化。它规定了各次高速列车占用铁路的程序，有效组织了高速铁路运输工作的列车运行生产计划，保证行车安全和运输效率是铁路运输企业行车调度指挥、实现列车正点运行的基础。同时，高速铁路列车运行图通过规定铁路线路、站场、机车、车辆等设备的运用,把整个铁路网的运输生产活动联系成为一个统一的整体,是一个高速铁路运输生产的综合性计划。

1.1.3 高速铁路列车运行图一体化编制

(1)高速铁路运输组织规划

高速铁路运输组织的目的是在满足旅客需求的基础上,提高铁路设备和人力资源的使用频率,保持良好的运输秩序和运营效果。高速铁路运输规划能够为高速铁路运输组织提供依据,从而提高设备的使用效率和高速铁路的运营质量,更好地满足旅客需求。

高速铁路运输组织规划主要包括客运量预测、制定列车开行方案、编制列车运行图、动车组运用计划以及乘务员运用计划5个步骤。各个步骤之间相互联系,相互配合。

1)客运量预测

高速铁路客流是指在一定时间内高速铁路某一运输线路或路段上一定方向的旅客流动,是列车开行方案的主要影响因素,其高低直接影响列车流量、列车运行区段等内容。客运量预测是指在搜集整理客运市场有关信息、分析运输需求及趋势的基础上,根据过去客流发展变化的客观过程和规律,参照各种现实情况,运用现代管理学、数学和统计学对客流可能出现的趋势和可能达到的水平做出的科学预测。影响客运量的因素包括社会政治、经济、文化的发展情况,人口数量,其他交通方式的竞争情况,地理环境因素等外部因素,以及铁路运输供给能力、运价和旅行费用、运输服务质量,路网的发展情况等内部因素。

高速铁路客运量的预测方法一般可以分为客流调查和统计分析两大类。客流调查以影响客流发展与变化的主要因素为对象,同时,要确切地掌握一定时期的客流数量和客流变化规律。客流调查分为综合调查、节假日调查和日常调查3种。综合调查一般每两年进行一次,目的是从宏观角度摸清铁路吸引地区周边的政治、经济、文化以及人民生活情况,作为制定长期规划、年度计划的依据。节假日调查主要是针对五一劳动节、十一国庆节、元旦、春节这四大节日和寒、暑假的客流情况进行调查。日常调查则要求车站客运计划人员及时掌据车站内和吸引地区的客流情况和客流流量、流向等的变化规律,分析客流增减数量、变化原因和延续时间等。统计分类则是根据各级客运部门掌握的日常统计资料,利用固定比例法、动态关系法、时间序列法、回归分析法等各种预测方法对客运量的变化情况进行预测。

2)制定列车开行方案

列车开行方案是高速铁路列车开行的框架计划,包括列车开行区段、开行量、编组内容等。它以客运量为基础,以客流的性质、特点和规律为依据,科学地安排旅客列车开行等级、种类、起讫点、数量、经由线路、编组内容、停站方案等。列车开行方案是高速铁路旅客运输组织的重要基础,能较好地反映旅客运输的经营战略和服务质量情况,有助于高速铁路服务水平的提高,从而更好地满足旅客的出行需求,增强高速铁路的市场竞争力。

制定列车开行方案时,根据获得的客流信息,安排列车在途经车站具体到发时刻以及列车在车站的会让和越行,对列车的行驶区段、开行种类做出规划,从运输服务质量、动车组运用、车站工作能力和区间通过能力等方面,考虑列车服务频率、列车运行距离等的合理设置及列车运用与检修等因素,并最大限度满足不同层次旅客的出行需求,统筹优化高速铁路与其他交通方式在各换乘地点和换乘时间上的配合。

3)动车组运用计划

动车组运用计划是指动车组运用和维修的综合计划,它根据给定的列车运行图、有关动车组检修的规章制度及检修基地条件等,对动车组的运用时刻、始发车站、担当车次、动车组检修时间、检修地点及检修类型等做出具体安排,以保证状态良好的动车组按图行车,高效完成运输任务。

动车组运用计划的组织模式分为固定运行区段的组织模式、不固定运行区段的组织模式及半固定运行区段的组织模式。三种模式各有优劣。目前,中国京津线、沪宁线等大多数铁路采用固定运行区段的组织模式。

4)乘务员运用计划

乘务员运用计划是指乘务员的综合乘务计划,即根据给定的列车运行图、乘务规则、乘务基地条件等,对乘务员在何时、何地出乘,在何时负责哪次列车,在何时、何地退乘等做出具体安排,以确保列车开行方案的实现。乘务员包括司机和列车员,他们在列车运行中承担的任务不同,对列车运行安全及列车运行秩序的影响等也不同。

　　乘务员运用计划主要分为日计划及月度计划。日计划由全体乘务员的乘务交路构成，表示完成一日的列车运行图任务所需要的乘务员数量及各乘务员担当的乘务交路。乘务交路是指一个乘务员一日的工作计划。图1-3中每一行代表一个乘务员交路，每条线段上的字符表示车次。

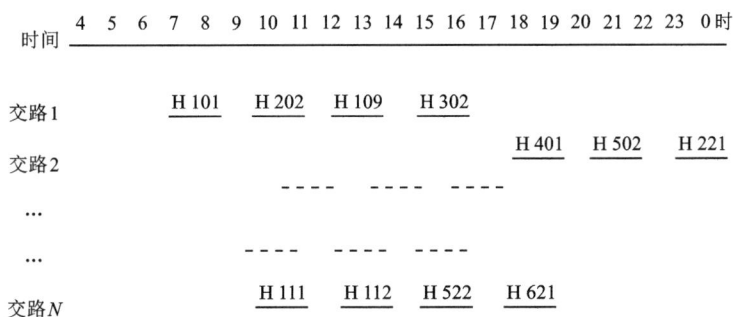

图1-3　日计划示意图

　　月度计划是用来描述各乘务员(组)在指定月度中各日担当的乘务交路及休息计划，如表1-1所示。

表1-1　月度计划

乘务员	日期						
	1	2	3	…	…	…	N
1	交路1	交路2	交路3	休息	休息	…	交路N
2	交路2	交路3	休息	休息	…	交路N	交路1
3	交路3	休息	休息	…	交路N	交路1	交路2
…	休息	休息	…	交路N	交路1	交路2	交路3
	休息	…	交路N	交路1	交路2	交路3	休息
…	…	…	…	…	…	…	…
N	交路N	交路1	交路2	交路3	休息	休息	…

　　注：由于每天的运行图可能存在一定差别，表中具有相同交路号的交路，在具体的内容上可能略有不同。

7

（2）高速铁路列车运行图一体化编制问题的必要性

高速铁路运输组织规划采用的是分层次优化方式，各个规划阶段是相对独立的，前一阶段的优化结果作为下一阶段的输入数据。这种优化方法虽然可以有效减少问题的规模、降低求解的难度，但是前一阶段的优化过程中往往缺乏对后一阶段约束条件的考量，容易造成前、后阶段优化目标和约束条件的冲突。有些优化方法会在前、后阶段增加一个反馈协调机制，即将后一阶段获得的结果反馈给前一阶段进行优化调整，然后再将结果输出给后一阶段，经过不断的反馈调节，使得两者的优化目标趋于一致，但这种方法比较费时费力，而且在反馈调节的过程中难以保证前、后阶段的优化过程同时达到最优。目前，仍需要探究一种更先进、更有效的优化方法来解决这一问题。

高速铁路列车运行图的一体化编制改进了高速铁路运输组织规划流程，以满足乘客出行需求为基础，最大化地发挥了高速铁路自身优势，实现了科学配置，有效地解决了分层次优化方式带来的布局结构不合理、运营成本高等问题，实现了铁路运输的高效利用，降低了铁路企业运营成本。

1.2　国内外研究现状

1.2.1　列车运行图研究现状

作为铁路运输组织工作的核心环节，列车运行图问题受到了国内外众多专家学者的关注。尤其是高速铁路开通以来，高速度、高密度的运行特性，高新技术设备的投入使用，持续增长的客流量等为列车运行图的编制优化工作提出了新的挑战。

（1）周期性列车运行图

1989 年，Serafini 和 Ukovich 提出了周期事件规划问题（periodic event scheduling Problem，PESP），随后 Schrijver 和 Steenbeek 将 PESP 方法应用到列车运行图问题的求解中，由此拉开了周期性列车运行图问题研究的序幕。铺画周期性列车运行图时，首先铺画一个较短时间段内的运行线（通常为 1 h），然后将该时间段内的运行线复制到其他可行时间段内。在出行的高峰时期，周期性列车运行图一般是按照满负荷状态运行的，而在非高峰时期，则可以通过抽线等方式停站某些车次。周期性列车运行图可以帮助旅客更准确地记忆发车时间，保证旅客在不同线路间的衔接，同时可以有效地降低问题的求解规模，受到了国外运输企业的青睐，在德国、荷兰等国家的铁路中得到了广泛应用。

周期性列车运行图的鲁棒性问题、自动编制问题等是国内外专家学者研究的重点，并提出了相应的极大代数法、基于图论的研究方法、元启发式算法、约束生成算法和随机优化等方法。

Nachtigall 以 PESP 作为约束，以最小化乘客的等待时间为优化目标建立了周期性列车运行图的双层规划模型，并利用分支定界算法进行求解。Caprara 等引入了图论的方法来研究单线铁路的周期性列车运行图问题，提出了一个整数规划模型并用拉格朗日算法进行求解，结果表明该研究可以应用于大规模的周期性列车运行图编制问题。Goverde 和 Odijk 利用基于极大代数法的 PETER 计算机系统研究了周期性列车运行图的鲁棒性问题。Kroon 等基于给定的周期性列车运行图构建了相应的随机优化模型，用来生成列车延误时间最小的周期性列车运行图。Liebchen 等对编制周期性列车运行图所用到的不同模型和算法的性能进行了实验对比分析。

国内的专家学者也对周期性列车运行图问题进行了深入的研究。杨意坚和何宇强运用极大代数法研究了周期性列车运行图的鲁棒性问题。聂磊等研究了自动编制周期性列车运行图的方法并开发了相应的实验系统，探讨了广度搜索方法、深度搜索方法、紧密布点以及移线等关键技术的具体实施方法和效果。贾晓秋研究了周期性列车运行图和周期性动车运用计划的编制优化问题，针对周期性列车运行图，提出了多目标混合整数规划模型、以可行势差为决策变量的可行势差模型和以周期可行势差为决策变量的圈周期规划模型；针对动车运用计划的研究，首先提出了非周期动车运用计划的多目标规划模型，然后转换为周期性动车运用计划模型，并提出了基于周期接续网络的检修回溯算法。汪波等基于周期约束图和周期势差模型，将列车的总停留时间最小作为优化目标，建立了周期性列车运行图网络模型，并利用生成树算法对模型进行了求解。

（2）非周期性列车运行图

周期性列车运行图虽然有着便于旅客记忆发车时间的优点，但是随着高速铁路"公交化运营"的陆续开展，乘客可以不用参照时刻表而直接到车站按照

9

就近时间乘车，这使得周期性列车运行图的这一优势逐渐消失，而且周期性列车运行图还存在对旅客出行的波动特性适应较差的问题。因此，很多国家和地区的铁路采用非周期性列车运行图。一般来说，非周期性列车运行图的优化目标是从运输企业角度、乘客角度、企业和乘客综合角度出发的，主要包括最大化企业的运营效益、最大化所有列车的利润函数、最小化列车的运行能耗、最小化总的旅行时间、最小化乘客平均等待时间、最小化动车组接续时间、最大化列车运行图的通过能力等。非周期性列车运行图采用的研究方法主要有分支定界算法、拉格朗日松弛算法、列生成算法、启发式算法，具体包括最早冲突优化算法、时间循环迭代优化方法、定序优化算法、网络分层并行算法、邻域搜索算法、四阶段法和遗传算法等。

1996 年，Frank 在一条单线双向铁路上开始了列车运行图问题的研究，他是最早用数学分析方法研究列车运行图问题的学者之一。Szpigel 将单线铁路列车运行图问题转换成了作业调度问题，以最小化总的旅行时间为优化目标、以列车越行和交汇的安全时间间隔为约束建立了混合整数规划模型，并利用分支定界算法进行求解。Brännlund 等以最大化所有列车的利润函数为优化目标，以满足车站股道能力为约束，提出了 0-1 整数规划模型，并利用拉格朗日松弛算法进行求解。Zhou 和 Zhong 建立了以最小化旅客平均等待时间和最小化总的旅行时间为优化目标的基于事件活动图的混合整数规划模型，并设计了结合集束搜索和深度优先搜索的分支定界算法进行求解。Cacchiani 等针对通道列车运行图问题进行了研究，与既有方法中将列车出发或到达时刻作为变量不同的是，他们将单个列车整体作为研究对象：首先分别为各个列车生成很多不同的备选路径，再在最优解中为每趟列车分配且仅分配一条路径，这样问题的变量就变成了某趟列车是否选择了某条路径。Barrena 等研究了动态需求条件下的单线铁路列车运行图编制优化问题，以最小化乘客的等待时间为优化目标提出了两种数学规划模型，并设计了一种自适应的大规模邻域搜索算法，该算法的核心思想是通过反复删除和增加列车运行线来达到优化的目的。

国内的专家学者也针对非周期性列车运行图的编制优化问题进行了大量的研究。周磊山等针对计算机自动编制大规模网状线路列车运行图问题进行了研究，探讨了路网结构的分层表示方法和列车时刻表的序列事件描述方法，建立了描述列车运行过程的状态转移方程，并设计了网络分层并行算法进行求解。彭其渊等以有向弧段和有向列车径路为主线，以最小化总的旅行时间、技术站列车接续时间、机车总消耗时间为优化目标，构建了基于路网的列车运行图编制优化模型，统一了单线、双线、多线列车运行图的描述，并设计了网络列车运行图加边分解算法进行求解。史峰等针对单线铁路列车运行图问题，建立了以总旅行时间最小为目标的混合整数规划模型，并提出了时间循环迭代优化方法进行求解。倪少权等针对列车运行图编制问题的多目标、多因素、反复决策的特征，设计并开发了一套异地群体协同条件下的列车运行图编制专家系统，解决了多种列车运行图的编制优化问题。

（3）列车运行图通过能力问题

铁路线网的通过能力与基础设备设施和布局有很大关系，既有的文献从列车结构、信号系统和线路布局、道岔型号等角度论证了这一点。但是基础设备设施建成后对通过能力的影响就很小了，这个时候起主要作用的是铺画的列车运行图。以最大化通过能力为目标铺画列车运行图是既有线列车运行图问题研究的主流。对于高速铁路来说，高新技术设备的应用，高速度、高密度的列车开行方式使得线路的通过能力得到了很大的提升，但同时《中长期铁路网规划》也指出部分跨区域通道仍然存在通过能力紧张的问题。因此，对于高速铁路列车运行图通过能力的研究也是很有必要的。

单秀全以高速铁路路网模型和运行图管理模型为理论基础，开发了高速铁路列车运行仿真系统，可以实现运行图的压缩、编辑、评价和列车运行仿真、线路能力利用率评估等功能。张守帅首先对比分析了高速铁路现有的通过能力计算方法，包括扣除系数法、最小列车间隔法和计算机模拟方法，提出了高速铁路通过能力计算应当遵守的基本原则，然后根据高速铁路列车运行图铺画的特点，反向推导出了高速铁路通过能力计算模型，并利用京沪高速铁路案例验证了模型和算法的有效性。吕苗苗等针对高速铁路通过能力的计算提出了低等级列车扣除系数和列车停站扣除系数的具体取值方法。王宝杰将京沪高速铁路作为具体的研究对象，从跨线列车的开行方式、列车停站方案和运行图铺画三角区三个方面提出了提高线路通过能力的方法。郭彬研究了高速铁路大站的有效通过能力问题，利用列车和作业双层备选集构建了一个整数线性规划模型，并利用 ILOG Cplex 进行求解。路超等研究了高速铁路高密度开行目标下的通过能力问题，基于离散时空网络探讨了考虑混合等级列车开行比例的列车运行图通过能力优化方法，提出了以最大化铺画列车数为优化目标的 0-1 整数规划模型，并设计了加速分支定界算法进行求解。

（4）基于客流需求的列车运行图问题

高速铁路的开通迎来了发送旅客数量的大幅度增长，但也随之产生了旅客服务需求的提高、旅客不同时段的出行呈现波动特性等问题。部分专家学者从客流服务需求的角度研究了列车运行图的编制优化问题。Canca 等研究了基于动态客流需求的快速轨道交通列车运行图编制问题，以最小化乘客平均等待时间和铁路企业的运营成本为优化目标提出了一个非线性整数规划模型，并以马德里快速交通系统中的 C5 线为例验证了该模型和算法的有效性。Wang 等提出了一个事件驱动模型，包括出发事件、到达事件、乘客到达率改变事件，以最小化总的旅行时间和最小化能耗为优化目标，建立了一个非线性非凸规划模型。Niu 等以最小化乘客平均等待时间为优化目标，提出了一个基于时变客流需求的非线性整数规划模型，解决了短期和中期列车运行图的编制优化问题。Robenek 等从企业运营和乘客的角度研究了列车运行图的优化问题，在保证乘客满意度的条件下以最大化企业的运营效益和最小化总的旅行时间为目标，提出了一个混合整数线性规划模型，并利用帕累托边界方法进行求解。黄航飞研究了基于时变客流需求的城市轨道列车运行图问题，以最小化乘客平均等待时间、最小化总的旅行时间和最小化能耗为优化目标，建立了基于离散时空网络的列车运行图编制优化模型，设计了整合分支定界算法、发车频率确定、滚动优化算法的综合方法对问题进行求解。

表 1-2 总结了列车运行图问题研究中有代表性的一些成果。

表 1-2　列车运行图问题研究成果

文献	研究对象	模型	目标函数	算法
Szpigel	单线铁路运行图	混合整数规划模型	最小化总的旅行时间	分支定界
Nachtigall	周期性运行图	双层规划模型	最小化乘客等待时间	分支定界
Caprara 等	周期性运行图	基于图论的整数规划模型	最小化理想图与实际图的偏差	拉格朗日
汪波等	周期性运行图	周期势差模型	最小化总的停留时间	生成树
Brännlund 等	单线铁路运行图	0-1 整数规划模型	最大化企业运营效益	拉格朗日
Zhou 和 Zhong	单线铁路运行图	基于事件-活动的混合整数规划模型	最小化乘客等待时间 最小化总的旅行时间	分支定界 集束搜索

续表1-2

文献	研究对象	模型	目标函数	算法
Barrena 等	快速轨道交通	非线性规划模型	最小化乘客等待时间	邻域搜索
史峰等	单线铁路运行图	混合整数规划模型	最小化总的旅行时间	时间循环迭代优化
路超等	网络运行图	0-1整数规划模型	最大化铺画列车数	分支定界
Niu 等	单线铁路运行图	非线性规划模型	最小化乘客等待时间	GAMS
黄航飞	城市轨道交通	非线性规划模型	最小化总的旅行时间 最小化能耗	分支定界 滚动优化
Kroon 等	周期性运行图	随机优化模型	最大化鲁棒性	随机优化
彭其渊等	网络运行图	多目标规划模型	最小化总的旅行时间 技术站列车接续时间 机车总消耗时间	加边分解
Robenek 等	单线铁路运行图	混合整数规划模型	最大化企业运营效益 最小化总的旅行时间	帕累托最优

1.2.2 列车运行图综合优化研究现状

高速铁路的自身特点决定了其运输管理模式不同于既有铁路的运输管理模式。传统铁路运输管理存在较多弊端，尤其是分层次优化方式，大大制约了铁路运输的效率，因此，改进传统的运输规划流程，建立适合高速铁路特征和旅客需求条件下的高速铁路科学、规范和高效的运输组织管理模式，是持续发展高速铁路、优化交通运输管理的必要条件。部分专家学者从协同优化的机制入手，在规划的前、后阶段增加了一个协同反馈机制，即将后一阶段的输出结果反馈给前一阶段，并将调整优化后的结果再次输入给后一阶段，如此反复直到得到满意解为止。还有部分专家学者更进一步从综合优化和一体化优化的角度出发，不再单独考虑每个阶段的问题，而是将两个或者更多阶段的问题综合到一个模型中进行研究。我们从以下几个方面论述列车运行图综合优化的研究现状。

（1）车站作业计划与列车运行图综合优化

车站作业计划是车站实现运输组织指挥的主要依据，车站作业计划编制质量的好坏直接影响车站的工作效率和安全。既有文献中对车站作业计划的研究内容主要包括：到发线运用问题、接发车进路问题、咽喉区的通过能力问题、车站作业计划的鲁棒性及车站作业计划系统的编制等，主要采用的方法有分支定界算法、列生成算法、启发式算法、元启发式算法，具体包括分支切割法、局部搜索法、禁忌搜索、遗传算法、两阶段法、蚁群算法等。既有研究和实际的编图工作中一般都是将列车运行图和车站作业计划分开编制的：先编制列车运行图，这个时期只是将车站当作线网上的一个节点，增加了一个车站到发线数量的约束，而不用考虑其内部的具体情况；然后再利用列车运行图作为输入数据进行车站作业计划的编制。这种编制方式虽然可以有效减小问题的规模、降低求解难度，但是也容易造成部分列车在车站内部无法分配到有效进路以及需要重新调整优化列车运行图的问题。

为了解决这一问题，部分专家学者从车站作业计划与列车运行图综合优化的角度对问题进行了研究。Carey 和 Crawford 研究了大规模的列车运行计划与车站路径选择问题，并设计了相应的启发式算法进行求解。Rodriguez 对大型铁路枢纽的列车运行径路与计划调度问题进行了研究，提出了约束规划模型与系统仿真方法。Lee 和 Chen 研究了列车运行图与车站径路一体化编制问题，并利用四阶段法迭代优化求解。周磊山等开发了一套网状线路列车运行图自动编制系统，实现了列车运行图与到发线运用、接发车进路的一体化编制。彭其渊等提出了一个路网条件下的列车运行图综合优化模型，在模型中考虑了车站到发线利用及接发车进路等影响因素。传统的铁路运输组织规划还有一个问题，即各个阶段的数据是相对独立的，为了解决这一问题，毛保华等从数据一体化的思路出发，开发了一套列车运行计划集成编制系统，可以实现列车运行图与车站作业计划的集成编制。夏明研究了列车运行图与车站作业计划、动车运用计划综合优化的问题，提出了对象-时间-空间三维网络协同优化模型，并利用基于蚁群算法的分布式算法进行求解。史峰等以最小化总的旅行时间和最小化动车组接续时间为优化目标，建立了列车运行图、到发线运用及动车运用综合优化模型。周妍研究了车站作业计划与列车运行图的协同优化问题，在系统总结了国内外既有研究成果的基础上，基于协同学理论提出了两者的协同优化模型，并利用分层优化启发式算法进行了求解。

（2）开行方案、停站方案与列车运行图综合优化

列车开行方案是连接旅客服务需求和铁路运输组织的关键，在传统的铁路运输规划流程中，是将停站方案等开行方案的输出数据作为列车运行图的输入数据进行优化的。然而，由于在开行方案的设计过程中没有考虑列车在区间和车站的具体运行时间，可能会与实际情况有所冲突，而不合理的停站方案也可能会成为提高通过能力和服务水平的限制因素之一，因此，部分专家学者从开行方案与列车运行图综合优化、停站方案与列车运行图综合优化的角度对问题进行了研究。周文梁等对列车开行方案与列车运行图的综合优化问题进行了比较深入的研究，提出了以最大化铁路企业运营效益为优化目标的双层规划模型。其中，下层模型的设计基于换乘网络的旅客出行行为，乘客可以根据票价、到发时间、换乘时间和拥堵费用自由选择出行方式，上层为列车运行图与开行方案的编制优化模型，设计了基于模拟退火的综合优化算法对问题进行了求解。Kaspi 和 Raviv 提出了一个列车运行图和开行方案综合优化模型，以最小化企业运营成本和旅客时间成本为优化目标，其中旅客时间成本包括在车站的等待时间、中转站的换乘时间和在区间的运行时间，并设计了交叉熵算法对问题进行求解。何必胜针对传统运输组织规划过程中存在的问题，在现有的分层次优化方法的基础上，提出了基于协调优化体系的高速铁路开行方案与列车运行图综合优化方法：首先分别建立了基于系统最优条件和基于用户平衡条件下的开行方案客流分配模型，并利用 Benders 分解算法进行求解；然后提出了基于离散时空网络的列车运行图编制优化模型，并利用分支定价算法进行求解；最后基于协调优化体系建立了开行方案与列车运行图协调优化模型。Yang 等研究了高速铁路通道条件下的停站方案与列车运行图协同优化问题，建立了一个多目标混合整数规划模型，并利用 GAMS 和 ILOG Cplex 进行求解。Yue 等对高速铁路通道的列车运行图编制优化问题进行了研究，建立了一个列车运行图与停站方案一体化优化模型，可以同时满足旅客服务需求和列车运行计划，并利用拉格朗日松弛和列生成算法对问题进行了求解。吴婷婷研究了客流波动条件下的城市轨道交通列车运行图与开行方案一体化编制问题：首先分析了客流波动性与开行方案的反馈协调机制，构建了基于客流匹配的列车交路方案优化模型；然后对比分析了列车开行方案优化阶段和列车运行图优化阶段优化目标和约束条件的差异，构建了一体化编制的换乘站列车接续优化模型。该研究采用了改进的免疫克隆等算法对问题进行了求解。

1.2.3　研究现状总结分析

既有的文献为列车运行图相关问题的研究提供了坚实的基础，但是仍然存在改进的空间，主要体现在以下几个方面。

（1）列车运行图通过能力方面

目前关于高速铁路列车运行图通过能力的研究中，大部分还是将车站当作线路上的一个节点来考虑其股道数量约束，而不考虑车站内具体的列车进路分配与冲突问题。对于大型客运车站，尤其是大型枢纽中转站来说，因为车站衔接方向众多、车流流线复杂等因素，使得大站咽喉区的通过能力异常紧张，往往会成为限制线路通过能力的关键节点，也会导致运行图铺画的列车无法在车站内分配到有效进路的问题。另外，需在高速铁路高速度、高密度的开行条件下，保证计算得到的通过能力是可兑现的，能够铺画出可实施的、与能力相匹配的运行图，而不仅仅是一个数值。

（2）车站作业与列车运行图综合优化方面

从现有成果来看，目前大多数的车站作业计划与列车运行图问题还不能实现真正的一体化编制。部分研究采用的是反馈协调机制，先分别对列车运行图问题和车站作业计划问题进行建模求解。如果出现列车在车站无法分配到有效进路的情况，再将结果反馈给运行图进行调整。这种反馈协调的机制难以保证两个问题同时得到最优解。部分研究虽然将两个问题用一个模型进行描述，但是在算法上仍然采取了协调优化的思想即先将车站当作节点优化列车运行图，然后再优化车站作业，最后进行反馈调整。目前大多数的研究仍然是以进路作为基本单位，与铁路现场中实际采用的"一次办理、分段解锁"的作业方式有所差别，模型的精细度有待提高。

（3）列车运行图问题算法方面

目前用于求解列车运行图相关问题的算法可以大致归类为：启发式算法、数学规划方法、元启发式算法以及互相结合的综合优化算法。启发式算法一般是针对具体的问题进行设计，可以较快获得满意解，但是难以保证获得全局最优解，而且算法的移植性较差。数学规划方法可以从全局的角度考虑问题，能够在一定程度上保证获得最优解，但是部分方法存在计算速度慢、不适用于大规模算例求解的问题，只能通过假设和简化缩减问题的规模进行求解。元启发式算法比启发式算法有更好的通用性，可以适用于不同的问题，而且拥有较强的全局搜索能力，可以比较快速地获得满意解。但是由于元启发式算法具有随机性的特点，每次的计算结果可能会不同，难以保证解的质量。因此，研究适用于更大规模的高速铁路列车运行图问题，求解精度更高、运行速度更快的加速算法是很有必要的。

第2章 高速铁路列车运行图一体化编制理论基础

2.1 高速铁路列车运行图的编制

高速铁路列车运行图规定了各次列车占用铁路区间的顺序、各次列车在哪些车站停车、在车站的停站时间、在每个车站的到发时刻或通过时刻以及列车在各个铁路区间的运行时间等，是进行运输生产任务的基础。

2.1.1 高速铁路列车运行图编制原则

为保证高速铁路列车准点率高且高效、安全运行，保障列车运行图编图质量，编制高速铁路列车运行图时应满足如下原则：

①保障列车运行安全，满足列车区间追踪间隔时间和车站间隔时间的要求。

②严格遵循列车各项技术作业标准。

③符合客流规律，提高服务质量。

④合理使用动车组，发挥最大效能，节约运输成本。

　　⑤充分运用铁路通过能力，合理综合安排天窗维修，减少不必要停车，保障旅行速度。

　　⑥保障运行线弹性，使突发情况或天气影响等导致列车延误后，列车能快速恢复正点。

　　⑦充分运用车站、区间、到发线和咽喉区能力，保障各区段、各站间运行列车均衡和协调。

　　⑧合理安排乘务人员的作息时间。

　　⑨提高各个车站的应急和预防能力。

2.1.2　高速铁路列车运行图编制流程

　　高速铁路列车运行图的编制大致可分为三个阶段，即准备资料阶段、运行图编制阶段、实行前的准备阶段。高速铁路列车运行图的编制通常分三步进行：

　　①编制高速铁路列车运行方案图。编制高速铁路列车运行方案图的目的是解决列车运行线的布局衔接问题，尽量使列车运行线均衡排列。合理勾画机车交路，压缩机车运用台数。列车运行方案图，一般用小时格图纸进行编制，只标明列车在主要站(技术站、分界站及较大的客、货运站)的到、发时刻。

　　②编制高速铁路列车运行详图。所谓详图，即详细的列车运行图，包括列车在所有经过车站的到达、出发或者通过时刻。列车运行详图，应根据列车运行方案图进行编制，一般用二分格图进行编制，编完后再描绘到十分格运行图上。

　　③计算高速铁路列车运行图指标。我国高速铁路线上运营 350 km/h、300 km/h、250 km/h 和 200 km/h 列车，存在速度不同列车共线运行。为完成路网运输任务，高速铁路线承担较高比例跨线列车。为保障运输任务安全正点，高铁列车旅行速度限制严格。高速铁路综合天窗时间设置在晚上 0：00—6：00，白天 18 时后一般仅铺画短途列车。为保障列车正点，在列车延误的情况下能很快恢复正点，运行线具有高弹性。在节假日期间和早晚高峰时，列车通过能力紧张。

　　根据以上高速铁路列车运行的特点，高速铁路列车运行图不同于既有线运行图，包括布点车站不同、铺画目标不同、开行列车种类不同、编图顺序不同、铺画时段不同、始发终到范围不同等。高速铁路列车运行图编制详细流程如下：

①编图之前，由各铁路集团公司提出开行方案建议。

②铁路总公司统一确定详细明确的开行方案。

③确定各运行线铺画等级。

④确定初始时间布点。

⑤编制高铁跨线列车运行图。

⑥编制高铁本线列车运行图。

⑦铺画客运专线列车备用运行线。

⑧绘制技术作业相关图表。

⑨公布时刻表。

⑩铺画列车运行图。

⑪计算运行图指标。

⑫日常分析评价。

2.1.3　高速铁路列车运行图主要技术指标

列车运行基本图全部编制完成后，运输、机务部门应计算列车运行图、区间通过能力等各类指标，检查运行图的编制质量，审核相关标准。检查的主要内容有：①运行线的铺画是否符合规定的各项时间标准，列车的会让是否合理，在中间站停车会让的列车数是否超过各站现有的到发线数；②机车乘务组连续工作时间和机车在自外段所在站的停留时间是否符合规定的时间标准；③在运行图上预留的施工天窗是否满足施工需要；④局间分界站的列车衔接是否合适，一昼夜各阶段的列车到发密度是否均衡。高速铁路列车运行图有以下几个主要技术指标：

①高铁运营时间为 6：00—24：00，矩形天窗时间为 0：00—6：00。

②高速铁路列车起车附加时分一般为 2 min，停车附加时分为 3 min。

③高速铁路列车大站停 2~3 min，小站停 1~2 min。

2.2　高速铁路车站作业计划

2.2.1　高速铁路车站作业计划概述

高速铁路车站作业计划主要包括到发线运用、动车组出入段及转线调车作业等，优化车站作业计划对列车运行计划的实现、提高车站设备的运用效率和客运服务水平都有着十分重要的意义。在编制大型高速铁路车站作业计划时，一般将其与相邻的动车所看作车站的一个接车和发车方向，将车站内的列车作业类型分为接(包括出库)发(包括入库)车、通过、跨线、折返、转线 5 类，不同列车在车站的作业类型如图 2-1 所示。在站场条件允许(如启用牵出线)的情况下，除通过和停站列车外，其他类型的列车均可考虑安排转线作业。

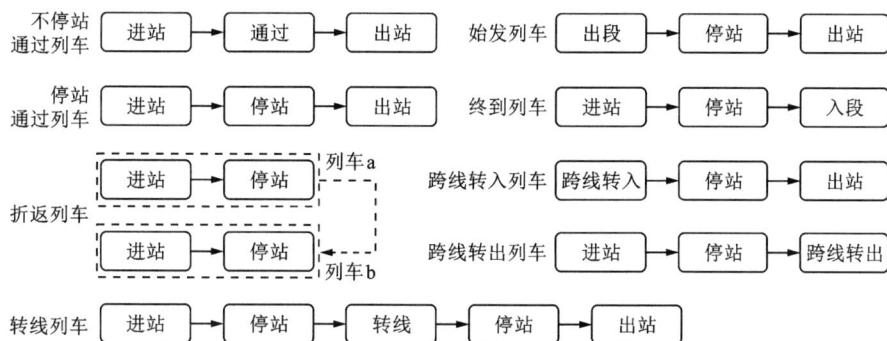

图 2-1　列车在车站内的作业

(1)通过列车

通过列车是从某一方向的区间进入车站，经由车站股道进入另一方向区间的列车，根据列车是否在车站停留可以分为不停站通过列车和停站通过列车。前者一般是从车站正线通过的，后者一般是到车站到发线停站。

(2)始发、终到列车

根据动车组检修计划，终到列车在股道办理了停站作业后要进入动车段所进行检修、存放。为了表述的简洁，本章将进入牵出线和存车线停放的终到列车也归入了此类。与此类似，始发列车是从动车段所、牵出线或者存车线进入车站股道，在办理完停站作业后发车的列车。

（3）跨线列车

高速铁路上运行的既有本线列车也有跨线列车，其中跨线列车包括三种：从其他线路跨入高速铁路运行的列车、从高速铁路跨入其他线路运行的列车、从其他线路跨入高速铁路运行后再跨出到其他线路运行的列车。与本线列车不同的是，跨线列车要在衔接站办理跨线作业，需要保证一定的安全间隔时间。

（4）折返列车

列车折返作业是指根据动车组周转计划，担当某趟终到列车的动车组车底到达车站后不进入动车段所，而是在办理完停站作业后直接担当另一趟始发列车，如立即折返作业和套跑作业等。根据折返方式的不同可以分为本线折返和转线折返，其中转线折返又分为站后渡线折返和站后折返线折返两种方式。

（5）转线列车

以上介绍的是比较常见的列车作业方式，一般情况下都是在站内同一股道完成的。不过有些特殊情况下列车还需要进行转线作业，比如列车的到发作业不在同一股道、折返列车采取转线折返方式等，这时候就需要进行转线作业，将列车从当前股道转入其他股道继续进行作业。

高速铁路车站作业的基本特点有：①作业内容单一化，通常只有旅客列车作业；②高密度的列车开行量要求车站可以满足高频率接、发列车的要求；③列车在车站的作业停留时间短；④各项作业的首要要求是保障旅客出行的安全，并在此基础上为旅客提供高质量的服务。

2.2.2　高速铁路车站作业进路

我们把列车或车列在车站内由一点运行到另一点所经由的径路称为进路。对于车站内两点之间存在多条进路的情况，我们通常选择两点之间距离最短、对其他进路影响最小的进路，也称为基本进路，而剩下的其他进路称为变通进路。列车进路在设备上分为咽喉区进路和到发线进路。咽喉区是车站两端道岔汇集且易发生进路冲突的地方，列车进路在咽喉区的部分称为咽喉区进路，是列车作业的必经之处。到发线是专门用来提供列车各类到发作业服务的线路设备，列车进路在到发线的部分称为到发线进路。

　　图 2-2 是高速铁路车站平面示意图。车站一共衔接了 6 个去向，其中
B_1 和 B_4 衔接的是动车段所方向，并且可以双向走行。B_2 和 B_5 衔接线路下行
正线方向，B_6 和 B_3 衔接线路上行正线方向。车站一共有 10 条股道，包括 2 条
正线和 8 条到发线。正线不停车，8 条到发线均允许接发上、下行方向的列车。
根据问题的需要，图中只标注了进出站信号机，没有标注调车信号机。图中有
两条牵出线，可以完成转线调车作业。

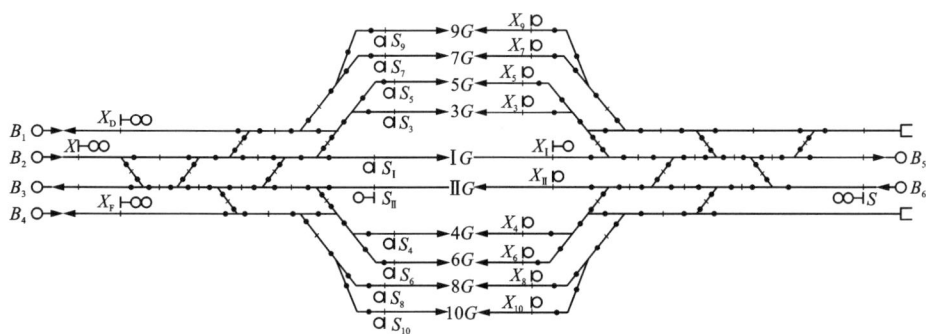

图 2-2　车站平面图

（1）进路建立

　　进路的建立过程包括选排进路、道岔控制、进路锁闭和信号开放。选排进
路首先涉及进路的搜索，目前常用的进路搜索算法有贪婪算法、基于 A * 的搜
索方法、深度优先搜索方法等，通过进路搜索可以获得需要的进路以及进路上
所有道岔的位置与开向；然后确认进路的空闲状态并转换道岔，确保道岔的位
置与开向正确；下一步需要将进路上所有的道岔和敌对进路锁闭；最后开放信
号机，指示列车或车列驶入进路。其中信号机是为了防护进路安全而设置的车
站设备，也是列车或车列进入进路的行车凭证。在车站平面图中，我们通常将
车站信号机作为进路的端点。车站内的列车进路一般分为接车进路、发车进
路、通过进路和调车进路。其中接车进路由进站信号机防护，始于进站信号
机，终于接车线末端出站信号机（警冲标）。发车进路由出站信号机防护，始于
出站信号机，终于对向进站信号机（发车口站界标）。通过进路是列车正线通过
车站所经由的路径。调车进路分为牵出进路和折返进路。调车进路始于开放的

调车信号机，终于关闭的调车信号机、出站兼调车信号机或站界标。

（2）进路解锁

进路中包含有很多的轨道电路，轨道电路是以铁路线路的两根钢轨作为导体，两端加以机械绝缘（或电器绝缘）形成的互不干扰的独立的电路单元，也称为轨道电路区段，用于表征区段上有无列车或车列占用。车站内的轨道电路分为道岔区段和无岔区段，其中道岔区段包含若干个道岔。用 $r(\forall r \in R_i)$ 表示车站 i 的某一进路，则进路与其上的 n 个轨道区段 $u_k(\forall k \in n, \forall u_k \in U_i)$ 之间的关系可以表示为 $r = \{u_1, u_2, \cdots, u_n\}$。如图 2-3 所示，进路 r 可以表示为 $r = \{S_1, S_2, S_3, S_4, S_5, 9G\}$。

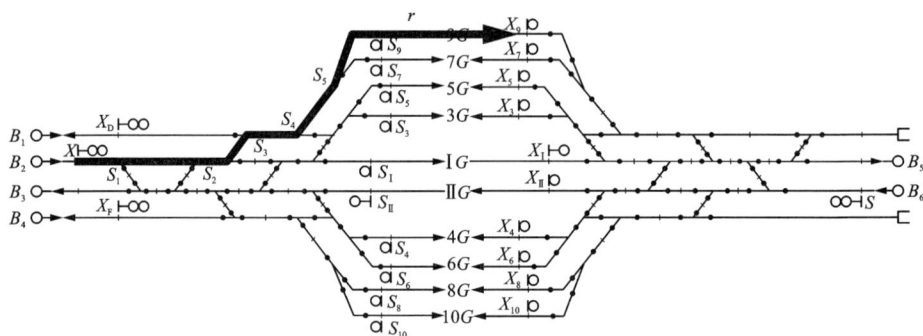

图 2-3　车站进路与轨道区段的关系

进路的解锁方式主要包括一次解锁和分段解锁。其中一次解锁是指列车或车列完全通过进路后，进路一次性办理解锁。这种方式的优点是操作简单，对线路设备的要求低，缺点是列车或车列占用进路的时间过长，影响车站的工作效率。分段解锁是指随着列车或车列的前进，当列车或车列的最后一个轮对出清当前的轨道区段后，经过一定的延时保护时间（一般为 3~4 s）后该轨道区段自动解锁。与一次解锁方式相比，分段解锁能够明显提高车站的工作效率。所以目前现场中多采用的是"一次办理，分段解锁"的方式。

（3）进路冲突

信号机、道岔和进路之间的相互制约关系称为联锁关系。在判断两个进路是否冲突时，除了要判断两个进路是否包含了相同且在时间上产生了冲突的轨道区段，还要根据敌对联锁关系进行判断。敌对联锁关系包括防护关系、带动关系、侵限关系、6‰下坡道延续进路和场间联系等。

铁路客运站的进路分配是为了给列车分配进路和股道，并且使各列车之间无冲突出现，与此同时要满足相应的车站作业计划和运输组织要求。高速铁路车站作业的基本特点是对列车进路的分配提出了要求。进路分配作为车站作业计划的核心内容，对提升车站作业的安全性和稳定性及保证车站的作业效率意义重大。

列车进路分配问题本质上是对车站内行车设备资源的分配，影响列车进路排列的因素主要有咽喉区进路冲突和列车追踪间隔时间的约束。咽喉区位置的复杂性和特殊性决定了咽喉区进路冲突的频发性。进路冲突危及行车安全，破坏车站作业的稳定性，很大程度上降低了行车作业效率，因而在进行列车进路分配时，应及时将冲突疏解，避免同时出现时间上和空间上的进路冲突。空间上的进路冲突可通过利用平行进路消除，时间上的进路冲突可采取在时间上错开占用资源的策略来疏解。

2.2.3　高速铁路车站作业计划编制方法

在编制高速铁路车站作业计划时，列车运行图、动车组运用计划、车站平面图及技术作业时间标准都是编制的必要条件，其中车站平面图和技术作业时间标准作用如下所述。

（1）车站平面图

在编制车站作业计划时，不仅仅要满足列车时刻表所带来的时间约束限制要求，还要满足车站实际布局所带来的空间约束限制要求。换句话说，车站作业计划就是结合列车时刻表的时间链与车站实际布局的空间链，为每一趟列车安排能满足其作业需求的时-空作业链。而车站平面图是判断列车的空间作业链（进路）是否冲突的重要因素。

（2）技术作业时间标准

车站技术作业时间标准通常包含车站技术作业时分与动车组停留时间两部分。布局不同、车站设备不同的车站技术作业时分也不同，一般与具体的车站平面结构与线路限速有关。而动车组停留时间主要与旅客乘降作业时间有关，包括旅客上下车作业、清洁整理车厢时间等。我国高速铁路最短的车站列车停留时间通常按以下取值：停站列车小站 1~3 min，大站 5 min。

车站作业计划编制流程如图 2-4 所示。

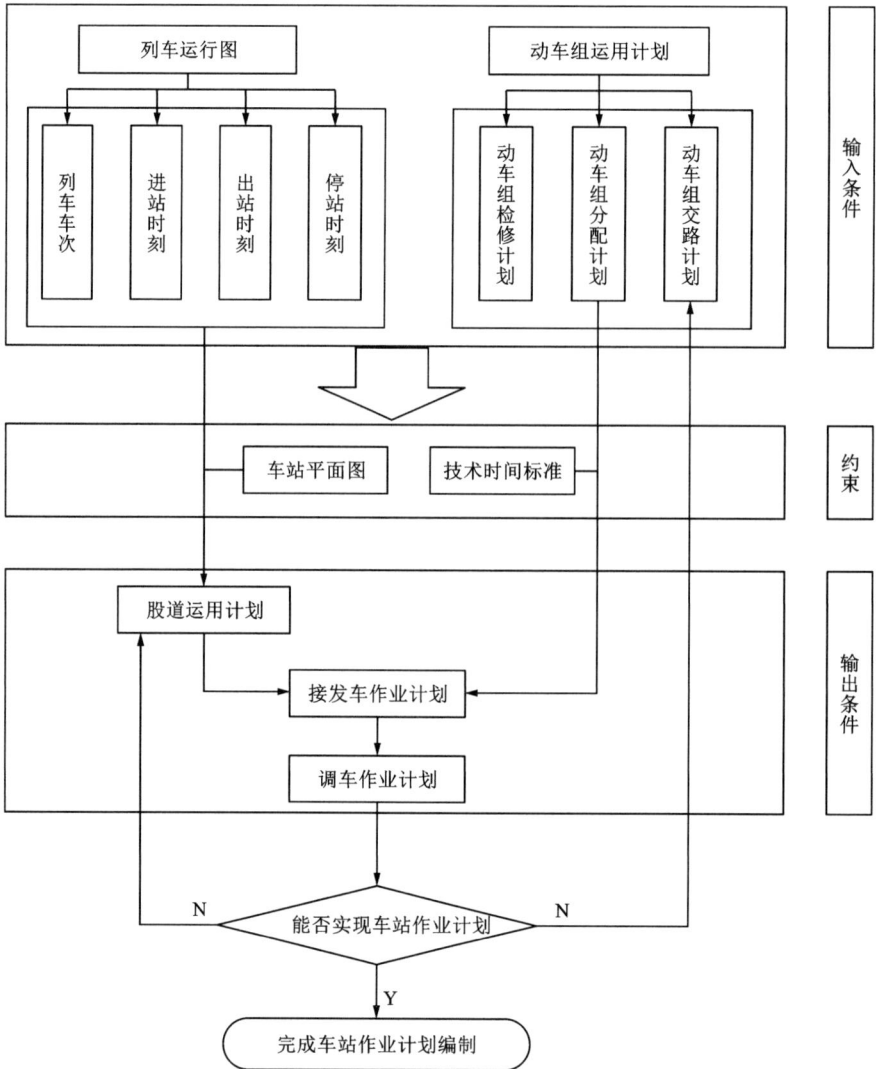

图 2-4　铁路车站作业计划编制流程图

2.2.4　高速铁路车站作业计划与列车运行图的关系

在资源分配的本质问题上，列车运行图与车站作业计划互为制约前提，运行图中规定了列车到发车站的时刻及在车站内的停留时间，这就对应要求为列车提前安排在车站内的走行径路计划，另一方面车站作业资源有限，可能出现无法配合运行图为列车安排走行径路的现象，从而要求运行图调整列车运行时刻。列车运行图与车站作业计划协同编制的约束关系如图 2-5 所示。

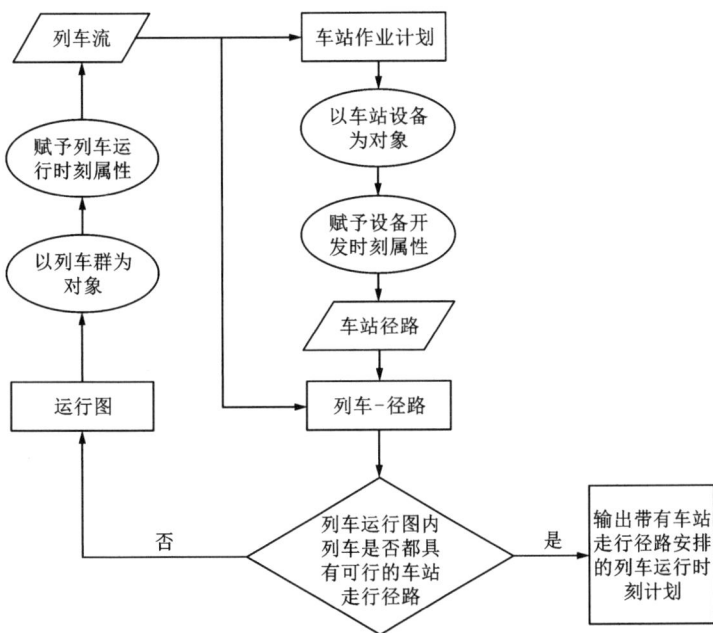

图 2-5　列车运行图与车站作业计划协同编制的约束关系

车站作业计划作为对车站进路和到发线资源的运用计划与运行图有着密切的联系，它可以看作是列车运行图所刻画的列车运行时间、空间关系在车站的进一步细化，因此运行图与车站作业计划具有协同编制的理论可能性，但是既有研究并没有突破先分层求解、后反馈调整的思路，而这种求解思路存在丢失整体问题优化结果的风险。

2.3 高速铁路列车停站方案

2.3.1 高速铁路列车停站方案概述

高速铁路列车停站方案指的是在确定的列车运行区段、列车等级、列车对数下，按照客流需求确定各列车的停站序列。高速铁路列车停站方案由停站次数、停站时间和停站地点三个部分组成。

（1）停站次数

高速铁路列车的运行总时间和停站频次有着十分紧密的关联，增加停站次数，列车运行的时长就会相应地增长，所耗用的时间成本就会增大。但是如果过度减少列车停站次数，就会导致车站的服务频率过低，这样就会增加乘客在中间站上下车的难度，旅客服务质量也随之降低。考虑到这种原因，停站次数既不能过度缩减也不能过度增加，需要在乘客的出行需求得到满足的情况下控制在一定的范围内。

（2）停站时间

影响列车停站时间的因素主要有在该车站需要进行的作业类型、上下车的旅客的数量、列车自身的速度等级和车站的站点级别。通常，列车需要在有很多旅客需要上下车的车站或者等级较高的车站停靠更长的时间，相反，在旅客上下车数量较少的车站或是等级较低的车站停靠的时间相对较少。参照铁路部门对停站时间的有关规定，各种速度级别的列车在高级或者低级车站的停站时间如表 2-1 所示。

表 2-1　不同速度等级的列车在不同等级的停站时间　　　min

车站等级	速度等级 300 km/h 及以上	速度等级 250 km/h 及以下
高等级车站	2~5	4~6
低等级车站	1~3	2~4

（3）停站地点

影响高速铁路列车停站地点设置的因素有很多。首先，有些站点是列车必须停靠的站点，因它受到现有的高速铁路列车技术的限制或者国家政策要求该站点必须停靠。其次，列车是否停站也与该站点的客流量息息相关，列车停站地点的设置要极大程度上适应客流量的需求并且要考虑到铁路管理部门的资源是否得到了合理分配。所以我们要在满足客流需求的情况下提高直达车的数量，这样就能使铁路管理部门的服务水平得到提升，旅客的出行也更加便捷。最后，停站地点设置要尽量使区间内站点得到连接。

2.3.2　高速铁路列车停站方案模式

合理的停站方案模式有利于尽可能达到各个节点上旅客的出行需求。停站模式主要分为以下几种。

（1）一站直达模式

一站直达模式指的是旅客在列车的始发站和终到站上下车的需求量比较大时，列车选择只在始发站和终到站停靠，中间的站点将不再停靠，如图 2-6 所示。这种停站模式能最大程度上体现高速铁路方便快捷的特点，因为对于只想要在该列车终到站下车的旅客来说，这会降低他们的出行在途时长。然而这种停站模式也存在一定的弊端，比如在这段区间内选择此班列车的乘客数量会减少，降低了它的服务能力。如果大量使用这种模式的停站方案，也会影响到其他模式下的停站方案。如果在始发站上车、终到站下车的旅客数量不多而采用这一模式的列车较多，那么就会造成列车载客能力的大量浪费，不利于铁路管理部门经济效益的提高。所以，制定停站方案时，应该将这种模式的列车比例控制在合理的范围内。大多数情况下，满足一站直达模式情况的条件为始发站、终到站为客流量较大的城市，有充足的车底往返两地，且通常两地距离不会太远。

（2）大站停模式

大站停模式指的是在列车运行区段内只在大站停靠的停站模式，列车开行在客流需求大的车站间。这种停站模式可以使旅行速度和车站服务频次都保持在良好的范围内。这种停站模式并不根据铁路车站规模确定大、小站，它划分车站大小的依据是车站最近几年的铁路客运量、车站基础设施建设情况、所在

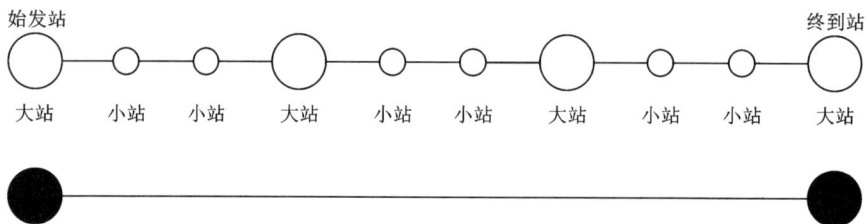

图 2-6　一站直达模式示意图

城市的等级等。这种停站模式是仅在大站进行停站作业，如图 2-7 所示。大站停模式能够增加大站间的可达性，满足大站间旅客的出行时间需求。与此同时，由于大站停模式并不在小站停车，从而降低了总停站次数，减少了大站旅客的在途时间。然而这种停站模式的弊端也很明显，由于大站数量较少，导致列车停站固定，降低了灵活性。大站停模式大多情况下运用在相邻的多个大中城市间，其客流需求特点鲜明，通常为上、下班通勤或出差，对时间损失需求敏感，各站间客流量在高峰时期很大。

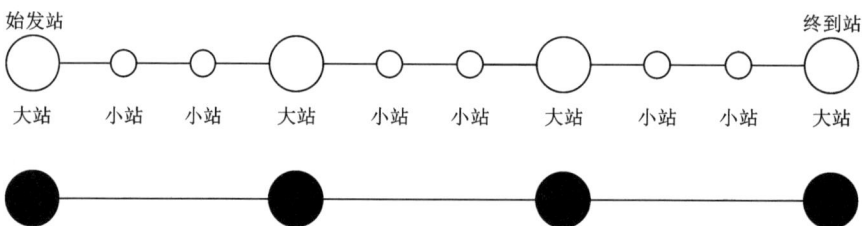

图 2-7　大站停模式示意图

（3）站站停模式

站站停模式指的是在列车运行区段内的所有途径车站都办理停站作业，如图 2-8 所示。这种停站模式下列车在途经的每个车站都需要停靠，从而满足了所有客流需求，旅客在此区段内的出行均可乘坐。站站停模式的弊端是显而易见的，特别是当列车的运行里程较长时，如果每站都停就会让有些出行较远的旅客在出行上所耗费的时间变长，对列车来说，这种停站模式也会在整体上减缓列车运行速度，造成运能浪费，也会对运营部门的经济效益产生不利影响。

根据这种特点，往往只会在列车运行里程较短时使用站站停模式，而列车运行里程较长时就不会考虑这种模式。使用这种模式可以在一定程度上解决客流需求不足和服务频率不高的问题，弥补其他停站模式的不足之处。

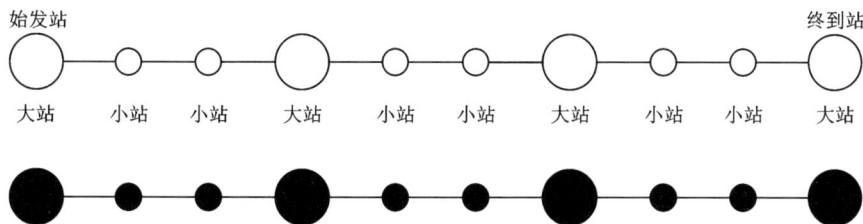

图 2-8　站站停模式示意图

（4）择站停模式

择站停模式指的是列车不仅要在整个行驶过程中途径的大站停靠，而且还要在有些有需要的小站停靠的停站模式。这种模式结合了大站停和站站停的特点，如图 2-9 所示。这种停站模式的原则是有选择性地进行小站停靠来尽可能满足线路上的客流量需求。择站停模式的好处在于不仅能够给需要在大站间往返的旅客提供服务，也能够为需要往返于大站和小站之间的旅客提供服务。相较于站站停模式，择站停模式不会在所有的小站都选择停靠，所以它的停站次数得到减少，整个列车的运行时长以及乘客的在途时长也会相应缩短。这种停站模式的不足之处在于有些旅客不能通过一列列车直达目的地，且其选择停靠的站点不是固定的。择站停模式往往会在行驶里程较长的线路中应用，且线路上不仅会途经较多的大站，还会途径较多的小站，这种停站模式是为了极大程度地满足沿线客流需求。

一般情况下会使用多种停站模式去辅助构成停站方案，如果单一使用任何一种停站模式都会或多或少地影响客流的需求且不利于交通管理部门的经济效益的实现。总而言之，选择哪一种停站模式或者使用哪些停站模式进行组合形成停站方案，都需要对该条线路上的实际情况进行调研，使其适应该条线路上的客流需求。

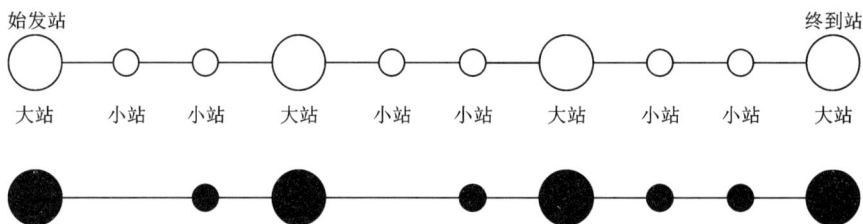

图 2-9　择站停模式示意图

（1）大站停交错组合

大站停交错组合模式一般是在线路里程较长，且沿线途经的大级别站点较多、大站间的客流量也比较大的情况下使用，如图 2-10 所示。一列高速铁路列车在沿线途经站点能够停靠多少次是被设置了上限的，所以对上述情况来说，不可能在每个大站都选择停靠，那么就可以有选择性地在需要停靠的大站进行停靠，这样，在满足沿线旅客的出行需求的同时又能使停靠的站点数不会超过限制。

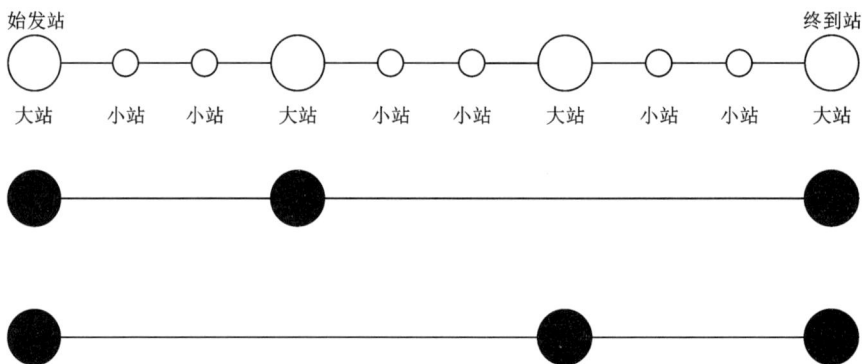

图 2-10　大站停交错组合模式示意图

（2）择站停交错组合

这类组合的停站模式是在大站停交错模式的基础之上，根据旅客的出行需求，在沿途合适的小站也会选择停靠，如图 2-11 所示。择站停交错组合模式可以分为两类，即"大站必停，小站交错"和"大站交错，小站交错"。前者是说在列车对沿线途经的站点选择停靠时，在每一个大站都会停靠，而对途经的小站就会有选择性地停靠，那么在这种停站组合模式下的停站次数较第二种模式就会较多，不能够保障列车的行驶速度；后者是有选择性地进行停车，仅选择在合适的大站或者小站进行停靠，那么就没必要在每个大站停靠，缩短了列车的整体运行时间。选择在哪些站点停靠，这在很大程度上需要参考沿线各站的客流量情况和车站的服务水平。

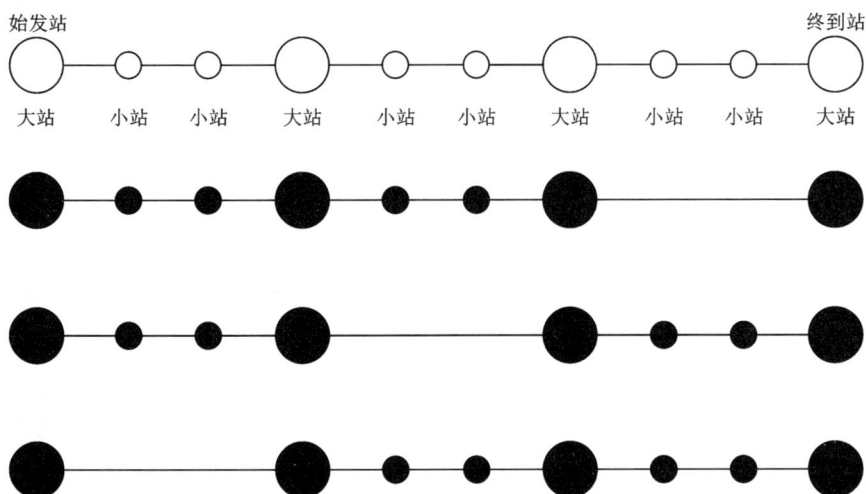

图 2-11　择站停交错组合模式示意图

（3）多种停站方式组合

随着我国高速铁路事业的发展，高速铁路网的建设规模在不断扩大，线路的复杂程度也在不断提高，人们的出行需求也日益多样化。这就导致了不同车站的服务水平和旅客需求也不尽相同。所以对于铁路管理部门来说，就不能单一地使用某一种停站方案，而需要结合各种停站方案的特点制定适合该条线路的停站方案以适应不同情况下的旅客出行需求。

2.3.3　高速铁路列车停站方案影响因素

要使高速铁路列车停站方案编制得更为合理，需要充分考虑旅客的出行需求（如提供便捷、舒适、安全、多样等服务），并且不能过度增加铁路管理运营的成本。要合理配置铁路相关资源，不造成不必要的浪费，其影响因素主要包含客流量及客流特征、客流节点等级等，具体分析如下。

(1)客流量及客流特征

"按流开车"是我国铁路运输组织的基本思想，因此，客流量的大小及特征是制定城际铁路停站方案的基石。不同时间段各区间段内的始发、终到客流量大小影响了城际铁路列车是否开行，停站站点及次数、开行对数及运行区段等。我国人口众多，客流结构复杂，不同层次的旅客有着不同的旅行需求，对旅行时间、费用、舒适度及服务质量等要求不同，这些因素影响了铁路列车开行等级及种类。

(2)客运节点等级及车站服务频率

客运节点是指为旅客提供客运技术作业的铁路网沿线车站所在的城市。客运节点等级受车站所处城市的位置、经济、行政地位、城市人口等因素影响，分为不同等级的车站，一般采用层次分析法、聚类分析法等方法通过定量与定性相结合分析计算节点重要度进行分类。车站服务频率与车站等级相对应，是指列车在车站的停站次数，车站等级高的客流节点需要高的节点服务频率；反之，车站等级低的客流节点需要低的节点服务频率。

(3)区间及车站通过能力

铁路沿线及线上车站的设备数量也是制定铁路列车停站方案时主要考虑的因素，主要体现为区间及车站通过能力。通过能力一般定义为：以现有设备数量及一定的行车组织为前提，在单位时间内(一昼夜)能通行的最大列车对数(列车数)。区间通过能力大小决定因素：正线数量、区间长度、线路坡度、信联闭设备的种类等。车站通过能力大小决定因素：咽喉道岔的布置、到发线数、信联闭设备等。通过能力是随着设备升级和行车组织的改善而提升的，不断地研发和改进有利于提升通过能力。

(4)列车停站次数

铁路列车停站次数与途径车站等级及列车等级有关，它对列车开行的速度也有一定的要求。为了保证列车的行车速度，并减少旅客的出行时间，在制定停站方案时要保障列车停站次数在设置的范围内，停站比例一般控制在 20% ~ 60%。因此，列车停站次数需考虑不同等级的列车在沿线运行时需满足的不同等级旅客出行需求。

（5）铁路企业收益

为确保铁路企业的日常运营和持续发展，铁路部门要考虑投入资金与产出回报的关系，用以保证收益，一般为运营收入和运营成本之差。铁路企业主要提供的产品是旅客在空间上的位移，它为铁路带来了客票收入及附加收入；运营成本包括车辆、线路等设备折旧的固定成本，人力、能源消耗、停站成本等变动成本。虽然开行过多的列车会带来较高的收入，但会造成列车上座率不足，使得运行成本较高。因此，需要结合实际客流量来确定最终开行的列车等级及数量，使得投入成本和运行收入匹配。

（6）旅客出行成本

旅客出行成本由旅客为出行所购买的客票费用和乘坐列车所产生的出行时间价值组成。客票费用主要由出行距离、列车等级、线路类别等决定，而出行时间包含旅客在车运行时间、停站时间和旅客候车时间等。为了减小时间成本价值及提升旅客满意度，需要对其影响因素综合考虑。

2.3.4　高速铁路列车停站方案与列车运行图的关系

这里所说的关系可认为是高速铁路列车运行图编制过程中列车停站方案的制定及其对列车运行图编制的作用。高速铁路和既有线列车运行图区别较大，但二者所采用的思路是类似的。单就旅客列车运行图的铺画而言，它们都是采用列车运行图编制的基础资料和数据准备、铺画全路直通旅客列车运行图方案、运行图详图铺画的思路进行列车运行图的编制。

正式进行列车运行图编制之前，铁路总公司会组织收集、审核和整理各铁路局的相关资料。由于每年会进行多次运行图的铺画调整，基础资料的收集、审核和整理主要针对其中存在变动部分。各铁路局提交的基础数据包括了客货运工作需要的列车停站次数、停站时间及客货运列车和车辆在车站技术作业时间等技术参数。由此可看出，在运行图编制过程中，停站方案实际上是在一开始作为需求方面（相对于铁路能力而言）的基础数据被确定下来的，即停站方案的确定是先于列车运行图编制的。

在明确列车停站方案制定与运行图编制关系的基础的同时，还应该注意到，在既有线条件下，列车停站方案与某次列车是"绑定"的，即该列车和列车停站方案之间存在不可更改的对应关系。考虑到既有线复杂的列车运行状况，这种做法有其适应性和优越性。但是对于运行条件相对简单的高速铁路来说，这种做法并不必要。高速铁路开行列车种类较少，不存在既有线铁路运输组织中各速度等级的客货列车之间相互协调的问题，从而可在一定程度上认为相同速度等级列车是无差别开行的。因此，停站方案的设置可考虑在多条列车运行线之间进行选择。实际上，这就是进行高速铁路列车停站方案优化的基础。

2.4 高速铁路列车运行图一体化编制常用算法

列车运行图问题是 NP 难问题，既有研究通常采用启发式算法、数学规划算法、元启发式算法、数学规划与启发式算法相结合的方法进行求解。启发式算法包括禁忌搜索、模拟退火、遗传算法及蚁群算法等；数字规划算法包括线性规划松弛可行化算法、割平面启发式算法、分枝定界启发式算法及拉格朗日松弛可行化算法等。在求解最小值的组合优化问题时，这些算法求得的目标值与最优值之间的关系如图 2-12 所示。对比这两类算法，启发式算法求解的效率比数学规划算法高，但这类方法求得的解通常为近似最优解，难以评价结果的质量；而数字规划算法在求解结果上较优，但是随着求解规模的增大，数学规划算法的求解效率会减小。

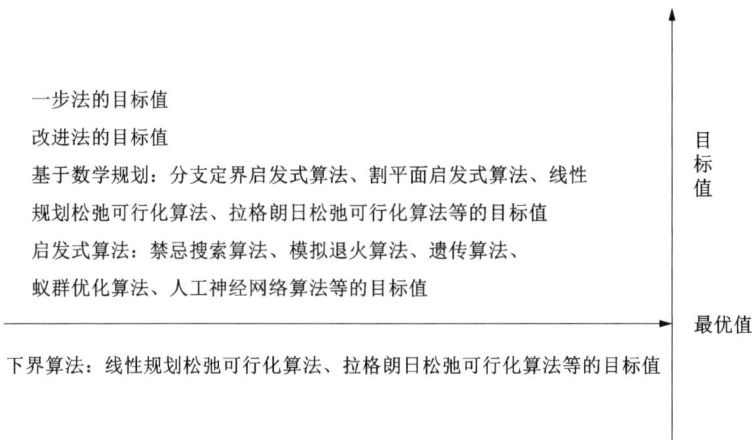

一步法的目标值
改进法的目标值
基于数学规划：分支定界启发式算法、割平面启发式算法、线性
规划松弛可行化算法、拉格朗日松弛可行化算法等的目标值
启发式算法：禁忌搜索算法、模拟退火算法、遗传算法、
蚁群优化算法、人工神经网络算法等的目标值

目标值

最优值

下界算法：线性规划松弛可行化算法、拉格朗日松弛可行化算法等的目标值

图 2-12　优化算法分类图

2.4.1　遗传算法

遗传算法是启发式算法的一种,借鉴了进化论中"优胜劣汰"的思想。其核心思想为将所要优化的各初始解在设立的自然环境(目标函数)下不断迭代,自动优化。遗传算法能根据整体环境对种群进行优化,有着高度的适应性与并行性,能处理多群体与多参数之间的关系。遗传算法的强适应性使其在数学等领域使用率越来越高。因为在车站作业计划优化问题中,我们已知可行解(即当前车站作业计划),我们的目标是根据想优化的方向在一定程度上改进车站作业计划,即求得更优解或者局部最优解。由于车站作业计划优化问题的复杂性,其解空间通常很大,很难用多项式算法得到最优解,适合用遗传算法等启发式算法进行求解。

(1)类比性强

遗传算法从微观到宏观依次为"基因序列—基因—染色体—个体形状"。"基因序列"层面对应车站作业计划优化问题中列车所选择的时空作业链,"基因"层面对应具体的列车,"染色体"层面对应车站作业计划,"个体形状"层面对应车站作业计划所表现出来的各种指标。所以将本问题解析为"列车时空作业链—列车—车站作业计划—车站作业计划的各种指标"4 个层次。

在遗传算法中,不同染色体上的不同基因共同决定个体的性状表现。一条染色体上一般有多个基因片段,各个基因片段按一定的顺序分布在不同位置,之后个体对基因序列进行表达,呈现出不同性状。

将上述观点对应到车站作业计划优化问题中可解释为:车站作业计划这个体表现出的各种性状为车站作业计划的各种指标,这些指标由一个个具体的基因序列(时-空作业链)决定。不同的车站作业计划所表现出来的性状不同,我们根据目标函数人工筛选保留指标较好的车站作业计划,然后通过交叉、变异等操作来扩大解空间,最后得到一个最优的车站作业计划。

(2)可转化性

模型的约束条件通常可以直接转化为解空间限制基因序列的选择,但由于车站作业计划优化模型的约束条件比较特殊，可以通过罚函数的形式将其转化到适应度函数之中，为不满足约束的车站作业计划添加罚值，再通过罚值的大小反应作业计划偏离约束的程度，若车站作业计划的作业链完全满足约束，则认为其是该问题的一个可行解，罚值取 0。

综上所述，遗传算法是比较适合本问题求解的算法，遗传算法的求解流程如图 2-13 所示。

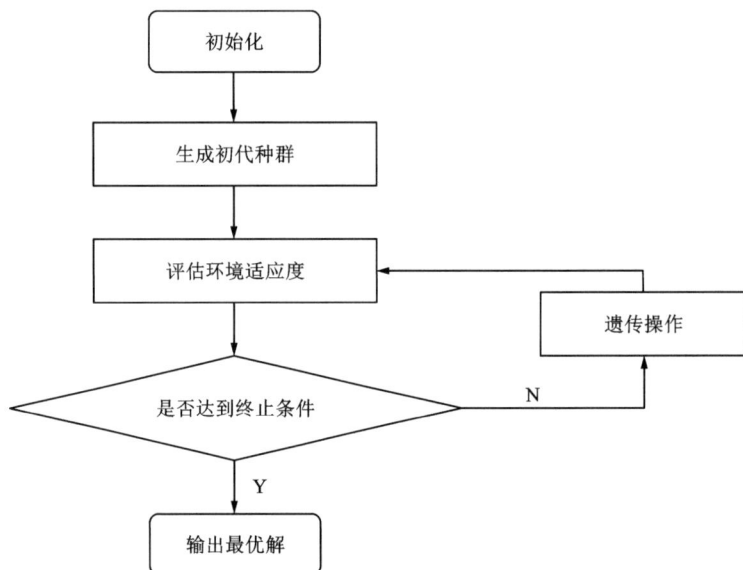

图 2-13　遗传算法求解流程图

遗传算法不仅是一种以优胜劣汰为核心思想的启发式算法，同时也是一种搜索算法，即同时具有进化与迭代的特点。遗传算法通常首先给定或随机生成一个初始种群，即模型的初始解（不一定是可行的），以数学模式与生物学模式交互结合的方式，利用代码表达。随着时间的推移，在不断的迭代过程中，旧的个体消亡，新的子代产生，初始种群不断延续。通常，判断个体或染色体好坏的方式是其适应环境的优劣程度，即与目标函数契合度低的个体被保留下来的概率一般更低，所以环境适应度低的个体不断被淘汰，其携带的不适应基因也被淘汰，使得种群中的个体越来越适应环境，即产生越来越优化的解。遗传算法的步骤为以下几步：

第一步：编码及参数输入。编码是指以什么样的方式表示基因序列，通常有二级制编码或者实数编码。参数输入即输入最大迭代次数或迭代时间、变异的概率等遗传算法所需要的各项基本参数和其他参数，其他参数包括车站平面图、车站技术作业时间标准、列车时刻表、动车组运用计划等基础数据。

第二步：初始化种群。初始种群的产生一般为：机会均等、随机地得到 N 个初始可行解（即可行个体）。鉴于本问题随机产生可行解的难度较大，通常采用类随机的方法产生初始可行解。即根据目前的车站作业计划，将目前的列车安排转化为时-空作业链的选择，形成初始解，然后以初始解为中心，随机调整作业链，形成其他可行解，形成初代种群。

第三步：适应度函数检测。遗传算法的每一代中都有多个个体，如何判断各个个体的优劣呢？一般看各个个体的性状与环境（目标函数）的适应程度，即环境适应度。环境适应度通常是度量某个物种对生存环境的适应程度，在实际问题中指与目标函数的契合程度。而本问题的适应程度指车站作业计划的安全性指标，即模型中目标函数的值。然后以作业计划与约束条件的冲突程度计算罚函数，带入目标函数计算环境适应度。

第四步：遗传操作。遗传操作通常包括选择、变异和交叉三个过程。选择过程为在第三步计算的环境适应度的基础上，根据不同概率选择能够传递基因的个体。交叉过程指选出的两个个体各自出一半的基因序列，交叉成为两个新的个体。变异操作指在交叉前有一定概率使基因发生变化。

第五步：判断迭代终止条件。即判断群体演化是否完成或者遗传算法是否达到终止条件。一般的结束规则为：算法是不是已经停滞，不能再得到比当前更优的解，或者已经达到第一步输入的最大迭代时间或者最大迭代步数。

2.4.2　模拟退火算法

模拟退火算法是在 20 世纪 80 年代初仿照金属热加工工艺中的退火过程而建立起来的一种随机搜索算法。退火过程是指先将金属材料加热，再徐徐降温直至冷却的过程。加热时，金属材料的内部粒子会随温度的升高呈现无序的状态，内能增大。当温度逐渐降低时，粒子趋于有序，并且在每一温度内部都会达到某种平衡状态，最终温度降至常温时，粒子达到基态，内能最小。模拟退火算法正是仿照这一过程，由某一较高的初温开始，逐渐降温，将可行解空间内每一点视作分子，其对问题的适应程度视作动能，利用 Metropolis 准则进行随机搜索，最终得到问题的全局最优解。模拟退火算法应用十分广泛，如控制工程、生产调度、图像处理、机器学习等领域。

模拟退火算法是基于蒙特卡洛迭代思想的随机搜索最优解算法，其本质是模仿金属材料的退火过程，先加温使其具有较高的内能，通过逐渐降温使其冷却，其内能也逐步下降。在每一温度下，金属内部粒子的不同状态服从玻尔兹曼分布，最终温度降至常温，粒子会稳定在具有最小内能的基态。在模拟退火算法中，将优化问题的目标函数视作能量函数作为寻优搜索的依据。模拟退火算法在求解优化问题时，对目标函数(能量函数)有改进的状态，系统一定接受；对目标函数(能量函数)有恶化的状态，系统以一定的概率采纳。这种性质使得模拟退火算法避免过早收敛于某个局部最优值，反而能够跳出局部继续寻优，所以模拟退火算法得到的解通常都比较好。

模拟退火算法的具体流程如下：

①随机给出初始点，将其作为当前最优，计算其相应的目标函数值。

②给定初温 $t \rightarrow t_0$。

③设置 k 的初值 $k \rightarrow 1$。

④随机产生新状态，并计算新的目标函数值和函数值增量 Δ。

⑤若 $\Delta < 0$，则接受新状态为当前最优点；若 $\Delta \geqslant 0$，则以概率 $p = \exp(-\Delta/t)$ 接受新状态为当前最优点。

⑥若 $k <$ 迭代次数，则 $k \rightarrow k+1$，转④。

⑦判断是否满足算法的终止条件，若不满足，降低温度，转到③；若满足，输出当前最优点，算法结束。

上述模拟退火算法的流程如图 2-14 所示。

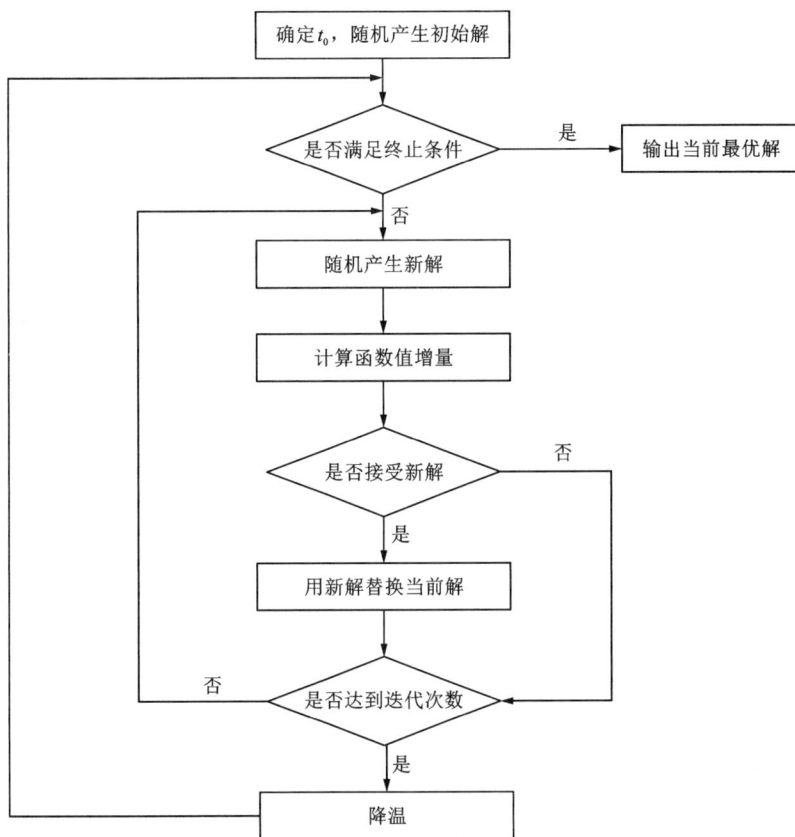

图 2-14　模拟退火算法流程图

2.4.3　拉格朗日松弛算法

拉格朗日松弛算法是一种常见的能够有效处理复杂优化问题的重要方法，包括次梯度优化算法及对松弛解进行可行化的拉格朗日启发式算法。拉格朗日松弛算法的整个流程如图 2-15 所示。

拉格朗日松弛算法主要是通过分析约束条件与问题求解复杂度的关系，将约束条件细分为简单约束和复杂约束，通过给复杂约束添加相应的拉格朗日乘子将其松弛到目标函数中，使原问题转化为易于求解的松弛问题，并在每次迭

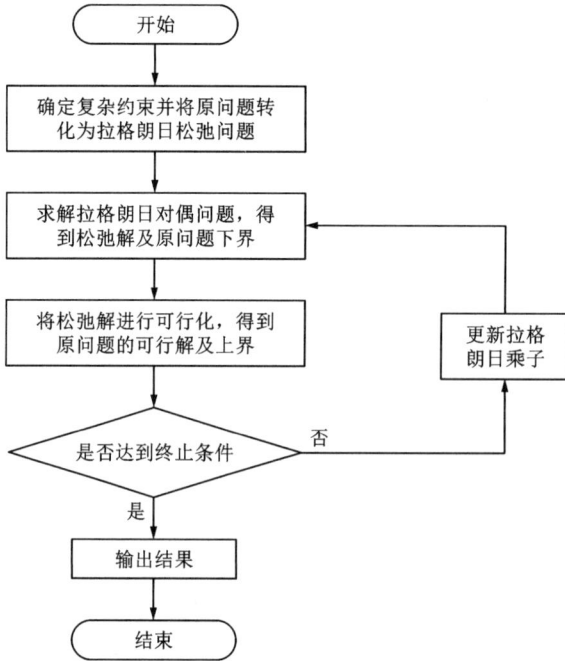

图 2-15 拉格朗日松弛算法流程图

代后对拉格朗日乘子进行更新，使得到的边界值不断逼近原问题的最优解。若得到的解不可行，则采用拉格朗日松弛启发式算法对其进行可行化处理，最终得到最优可行解。

2.4.4 Benders 分解算法

1962 年，针对大规模混合整数规划模型，著名运筹学家 Benders 提出了一种新的求解方法——Benders 分解算法。该算法的基本思路是，将复杂问题的约束和变量进行分离，形成规模较小且容易求解的主问题和子问题，其中的主问题通常是原复杂问题的一个松弛，仅包含原问题的部分变量和约束，子问题则由余下来的约束组成，并且主问题涉及的变量值给定。利用子问题的目标函数值，可以求得一个上界，依据该子问题对偶变量产生割平面加入主问题中，通过求解主问题得到一个下界，在逐次求解主问题与子问题的过程中不断修正上、下界，最终逼近原问题的最优解。以如下混合整数线性规划问题为例：

$$\min CY + DX$$
$$\text{s. t.} \quad AY + BX \geqslant E \tag{2-1}$$

式中：Y 为整数变量（向量）；X 为实数变量；C、D 分别为目标函数式中 Y 和 X 的系数向量；A、B 分别为约束条件中 Y 和 X 向量对应的系数矩阵。

上述模型中，如果 Y 的值暂时固定，则原问题转化为关于变量 X 的线性规划问题，如下式所示，称为 Benders 分解的子问题 SP（sub problem）。

$$\min DX$$
$$\text{s. t.} \quad BX \geqslant E - A\overline{Y} \tag{2-2}$$

式中：$\overline{Y}$ 为固定的值。

令 ϖ 为式（2-2）的对偶变量（向量），则该子问题的对偶模型为式（2-3）。显然，该对偶模型仅包含变量 Y（没有 X）。

$$\max (E - A\overline{Y})\varpi$$
$$\text{s. t.} \quad B\varpi \leqslant D \tag{2-3}$$
$$\theta \geqslant 0$$

以下构建的 Benders 分解主问题，是关于变量 Y 的模型，它是在迭代过程中通过求解子问题不断添加割平面而建立的。在此过程中，当子问题可行且有界，可根据对偶变量的最优值构造优化割平面；若子问题无可行解，则可得到极方向向量，将此构造可行割平面添加到主问题中。于是，Benders 分解主问题模型 MP（master Problem）如下所示：

$$\min CY + \sigma$$
$$\text{s. t.} \quad (E - AY)\overline{\varpi} \leqslant \sigma \tag{2-4}$$
$$(E - AY)\hat{\varpi} \leqslant 0$$

式中：$\overline{\varpi}$ 为对偶变量的最优值；$\hat{\varpi}$ 为对偶变量的极方向；σ 为引入的辅助连续变量，$\sigma \geqslant 0$。

通过上述过程，原问题分解为主问题和子问题，主问题的目标函数值作为下界 LB 子问题的目标函数值作为上界 UB。随着计算的进行，UB 与 LB 不断更新，割平面的不断添加会使 LB 的值逐渐上升，当 $gap = (UB - LB)/UB$ 小于给定的值 ε，或者迭代次数达到最大值时，算法停止。

2.4.5　分支定价算法

图 2-16 所示是分支定价算法的流程图。

分支定价算法是一种用来求解大规模整数线性规划和混合整数线性规划问题的组合优化算法。它是由列生成算法和分支定界算法组合而成的。以目标最小化问题为例，列生成算法是用来求解分支定界树上各个节点的线性松弛问题的，可得到原问题的下界值。分支定界算法则是用来获得原问题的整数上界值的。通过迭代不断更新问题的上、下界值，直到两者重合，即得到了原问题的全局最优解。对于规模特别庞大、求解较为困难的问题，可以设置一个中止参数，当上、下界值之间的差距在允许的范围，即可认为获得原问题的全局近似最优解。

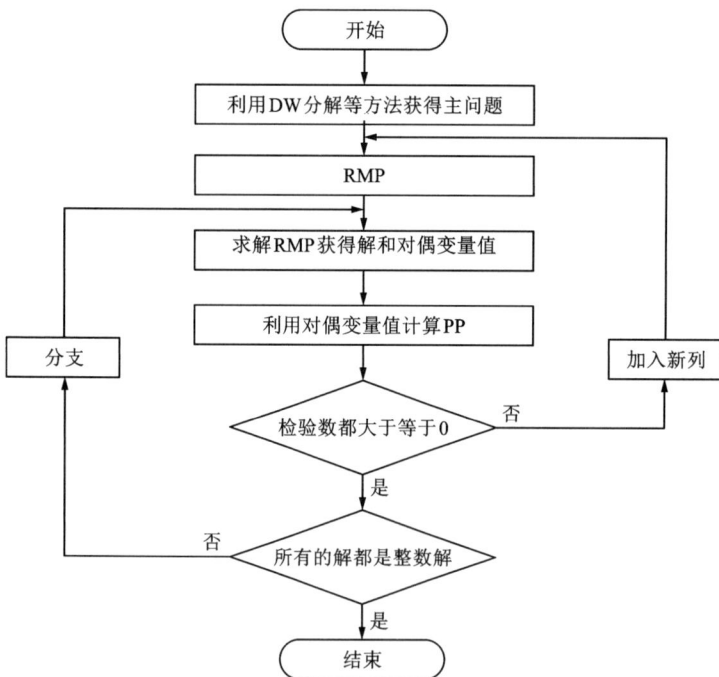

图 2-16　分支定价算法的流程图

除了列生成算法外,整数分支策略也是影响分支定价算法运算效率的关键因素。目前常用的分支策略有约束分支策略和快速分支策略(基于变量的分支策略)。前者主要适用于集分割模型和集划分模型,常常用来求解乘务计划和动车运用等问题。以乘务计划为例,约束分支策略通常是选择两个紧接续的乘务区段,计算所有同时覆盖两个乘务区段的变量之和,将其中使得变量之和大于 0 小于 1 且最大的一组乘务区段选作分支对象。1 分支表示禁止没有同时覆盖两个乘务区段的班次,0 分支表示禁止同时覆盖两个乘务区段的班次。然而这种方法对集覆盖模型来说有分支失败的可能性。快速分支策略一般适用于0-1 整数线性规划问题。通过将分支变量强行取 0 或者 1 作为约束条件加入RMP 中实现对解空间的划分。在实际的计算中,0 分支一般求解困难且对问题的意义不大,所以常常会被舍去,只考虑 1 分支的情况。

第 3 章　高速铁路列车运行图与车站作业一体化编制方法

3.1　高速铁路列车运行图与车站作业一体化编制关键问题

在现有的关于列车运行图问题的研究中，一般是将车站当作线路上的节点，仅仅考虑了股道数量约束，而不考虑具体的进路分配与冲突问题。本节从列车运行全过程的角度出发，将宏观上列车在区间和车站的运行过程与微观上列车对轨道区段的占用统一用位置-股道-时间三维离散时空网络进行描述，并在此基础上研究了高速铁路列车运行图与车站作业一体化编制条件下的运行图通过能力问题。

如图 3-1 所示，某条双向铁路线路具有若干区间和车站，其中车站用轨道、信号机、道岔和绝缘节来描述，区间用正线来描述。计划时间范围表示为 $[0, T]$，时间单位为 0.5 min。下行方向为从左到右。

传统的分阶段优化方法在编制列车运行图时并不考虑列车在车站内部的作业情况。在编制车站作业计划时，则将编制好的运行图作为固定的输入，分别制定每个车站的作业计划。图 3-2 是一张包含了 4 次列车的运行图，从车站 1 到车站 4 是下行方向。该图描述了列车在区间的运行时间和占用顺序、停站方案和列车在车站的出发、到达或通过时间等，而车站仅被当作线路上的节

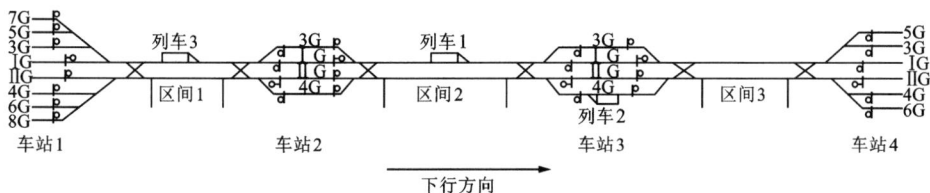

图 3-1 高速铁路线路模型

点，没有具体描述列车在车站内部的作业情况。图 3-3 展示的是车站 3 的作业计划。车站 3 包含 4 条股道，与车站 2 和车站 4 相邻。列车在车站 3 的出发、到达或通过时间由列车时刻表给定且为常数。车站作业计划描述了每个车站内的列车作业，包括到发进路的分配、股道利用、进出车辆段和列车换乘等。如果没有为列车安排足够的进路或进路之间存在冲突，则必须重复进行分阶段优化，直到冲突解决。

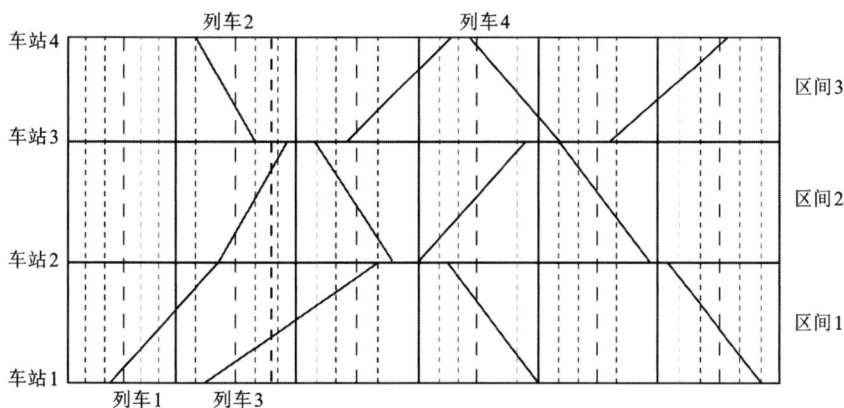

图 3-2 包含 4 次列车的运行图

为了克服分层次优化方法的缺点，有的学者提出了 STRN（space-time railway network，铁路时空网络）方法。在这种方法中，车站站界和股道被视为节点。空间坐标轴表示节点的位置，时间坐标轴表示节点处发生作业的时间。进站节点与股道节点连接形成进站弧段，股道节点与出站节点连接形成出站弧段。同一股道的相邻时间节点形成停站弧段。车站出站节点与下一个相邻的车

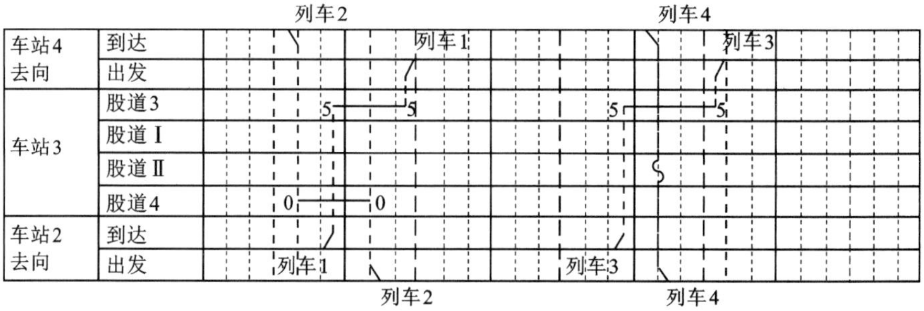

图 3-3　车站 3 的车站作业计划

站进站节点连接形成区间弧段。弧段之间的冲突可以通过区间最小追踪间隔时间和车站安全间隔时间或两次列车是否在相同的时间占用同一股道来判断。在宏观层面上，车站到达弧段和车站出发弧段表示列车作业进路。在微观层面上，列车作业进路由一系列首尾相连的轨道电路组成。轨道电路分为道岔区段和非道岔区段，主要用于检测区段是否被列车占用或用于传输列车信息。图 3-4 表示车站进路与轨道电路之间的对应关系。图中粗箭头线表示从节点 B_4 到节点 $3G$ 的上行进路 ap_1，它可以表示为 $\{TC_{12}, TC_8, TC_7, 3G\}$，其中，$3G$ 表示非道岔区段轨道电路，其余表示道岔区段轨道电路。

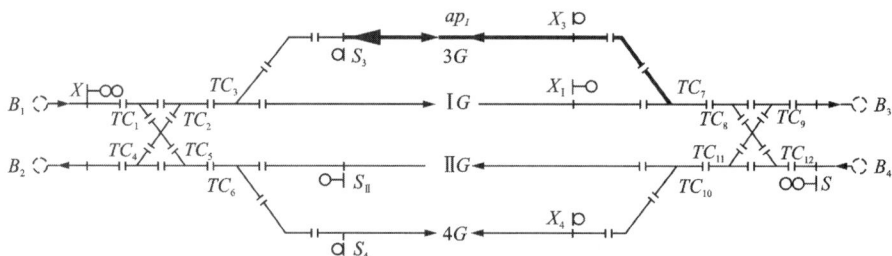

图 3-4　车站进路与轨道电路之间的对应关系

虽然 STRN 可以在一张图中同时显示列车在区间和车站内部的作业过程，但是仍然存在两个主要问题：

①STRN 难以表达最小停站时间。因为停站弧段是直接累加的，这将导致到达弧段和离开弧段在停留股道处直接相连。只能通过添加许多附加弧段的方

式来表示列车在车站的停留时间，这无疑增加了其复杂性。

②精度不足。STRN 假设每辆列车在所有进路上的占用时间相同，不考虑不同进路的长度和占用时间的差异。如果考虑这一差异，STRN 将变得更加混乱。此外，因为 STRN 采用的是一次解锁的原则，这将导致进路之间的最小间隔时间更长，降低车站的运营效率。

3.2　位置–股道–时间三维离散网络

3.2.1　位置–股道–时间三维离散网络概述

为了克服 STRN 的缺陷，本节用 PTT3D（position-track-time three-dimensional，位置–股道–时间三维离散）网络来描述列车在线路上运行的全过程。图 3-5 描述了列车的 PTT3D 网络。本书为具有相同停站方案的每种列车类型生成一个 PTT3D 网络，与为所有列车生成一个 PTT3D 网络的方法相比，该方法增加了网络的数量，但是减少了最短路径算法的搜索工作量。从宏观层面来看，位置坐标轴表示每个节点在铁路线路上的相对位置，用正整数 1，2，…，n 来表示。将位置坐标轴的坐标除以 4，通过余数就可以判断其节点属性，余数 1 对应车站到达站界节点、余数 2 对应到达股道节点、余数 3 对应出发股道节点、余数 0 对应车站出发站界节点。股道坐标轴代表每个节点所在的股道，用每条股道与车站水平中心线的相对位置来表示。从 1 或 -1 开始，每两个坐标对应一条股道，其中正奇数代表下行股道，负奇数代表上行股道，偶数代表上、下行股道。节点 $B_1(1,1)$ 表示下行到达站界节点，$3G(2,4)$ 表示上、下行方向的股道节点，$B_4(-4,1)$ 表示上行出发站界节点。时间轴的坐标间隔为 0.5 min，表示列车作业的开始或结束时刻。因此，位置–股道平面对应车站平面图，可以用来表示进路和轨道电路的对应关系；位置–时间平面对应改进的列车运行图；股道–时间平面对应车站作业计划。

②线表示区间进路、车站到达、停站、通过和发车进路。点 (i,j,t) 表示在

到达站界节点、到达股道节点、出发股道节点和出发站界节点处的列车作业的开始或结束时间。σ 和 τ 分别表示虚拟出发节点和虚拟到达节点。①线 (i, m, j, l, t, n) 根据不同的箭头分别表示区间运行弧段、车站到达弧段、车站停站弧段、车站通过弧段和车站出发弧段。为了保证描述的一致性，对于下行列车，应使 m 大于 i，对于上行列车，应使 i 大于 m。弧段可以看作具有开始时间和结束时间的进路。虚线表示虚拟连接弧段，它的提出是为了满足网络流约束。连接虚拟出发节点 σ 和始发站到达站界节点形成虚拟出发弧段，用来表示列车的可行发车时间范围。连接到达站界节点和到达股道节点形成车站到达弧段，对应列车在车站的到达作业进路。根据列车在车站的停站或通过情况，连接到达股道节点和出发股道节点形成相应的车站停站弧段和车站通过弧段。连接出发股道节点和出发站界节点形成车站出发弧段，对应列车在车站的出发作业进路。连接车站出发站界节点和相邻下一车站的到达站界节点形成区间作业弧段 $(i, m, j, l, t, t+r_{im})$，$r_{im}$ 表示列车时刻表给定的区间纯运行时间。设置列车在车站的停站时间不小于最小停站时间且不大于最大停站时间，其中最小停站时间是旅客上车、下车、换乘或者列车进行清理的最小时间，最大停站时间用于限制网络的规模。连接车站出发站界节点和虚拟到达节点形成虚拟到达弧段。该网络在点 τ 结束。

从微观层面上，PTT3D 网络描述了防护信号机的位置、轨道电路的长度和位置以及连锁关系。根据分段解锁原则，将进路直接映射到图中的轨道电路上，这样更有利于计算进路占用时间，利用同一时间占用相同轨道电路或者一段时间内通过具有连锁关系的渡线来判断进路是否冲突。

以图 3-5 中①线表示的进路为例，列车在时刻 1 经到达站界节点 $B_1(1, 1, 1)$ 进站，然后通过到达进路 $ap_{B_1 3G}(1, 2, 1, 4, 1, 2) = (TC_2, TC_3, TC_4, 3G)$。列车在 $3G$ 股道停留 2 min，通过出发弧段 $ap_{3GB_3}(3, 4, 4, 1, 4, 5)$ 到达出发站界节点 $B_3(4, 1, 5)$。列车在 $B_1 B_3$ 区间行驶 2 min 后，通过下行正线 IG 通过车站 B。这样，PTT3D 网络从宏观和微观相结合的角度描述了列车在线路上运行的全过程，将列车运行图和车站作业计划的综合优化转化为三维网络流问题。

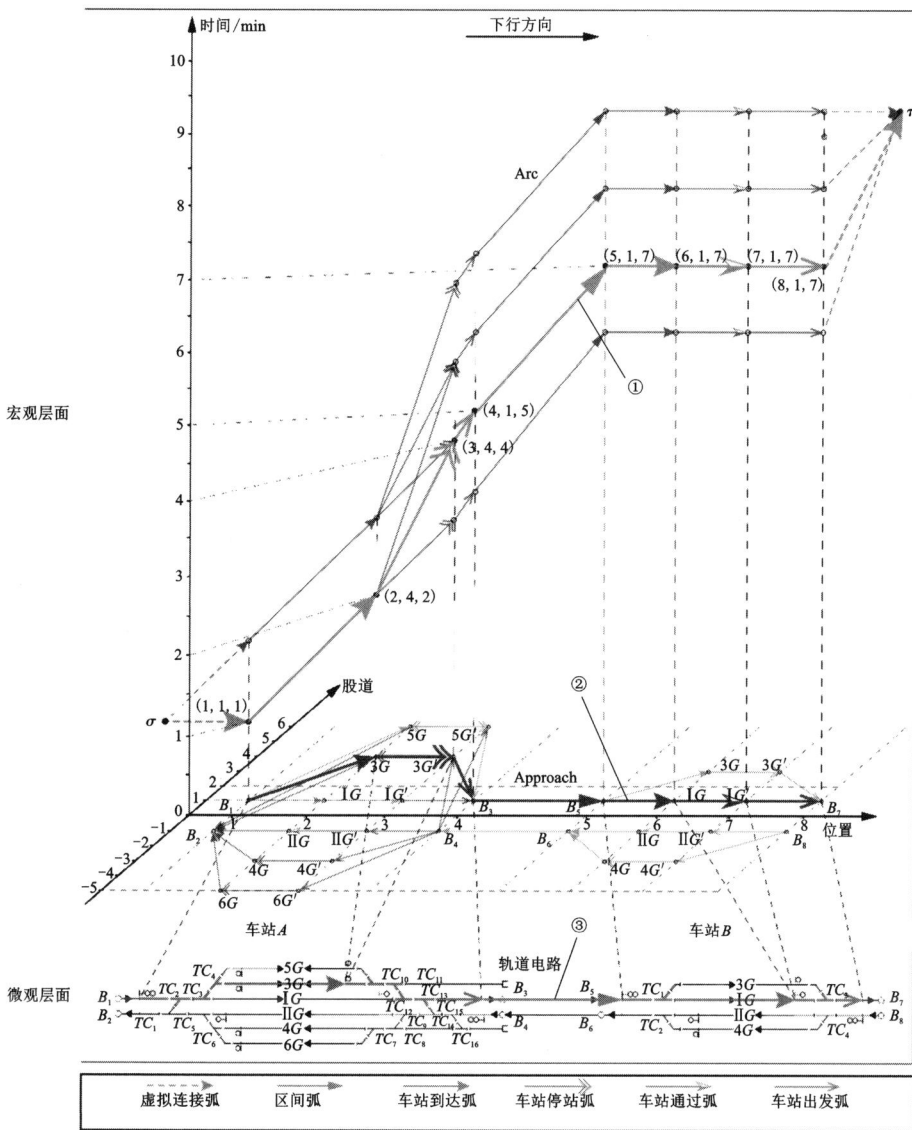

图 3-5　PTT3D 网络

3.2.2 位置–股道–时间三维离散网络的优点

（1）克服了 STRN 难以表示最小停站时间的缺点

PTT3D 网络将股道节点划分为到达股道节点和出发股道节点，并且将它们连接以形成车站停站弧段或车站通过弧段，其可以指示列车的停站或通过操作。为了防止节点和弧段的数量增加而导致网络的复杂性和求解难度增加，引入了一个新的维度来表示节点的位置。与传统的列车运行图不同，其将表示车站位置的每个点离散为 4 个点，分别表示车站到达站界节点、到达股道节点、出发股道节点和车站出发站界节点。因此由位置坐标轴和股道坐标轴组成的平面可以表示节点之间的相对位置关系。

（2）克服了 STRN 准确度不足的问题

根据进路分段解锁原则计算列车到达轨道电路所占用的时间。进路分段解锁原则与进路一次解锁原则的主要区别在于轨道电路占用时间。对于分段解锁原则，轨道电路占用时间为从进路开始时间到列车最后一个轮对离开轨道电路的时间加上安全防护时间（t^{saf}）。对于一次解锁原理，轨道电路占用时间与进路占用时间相同，即从进路的办理时间到列车最后一个轮对离开最后一个轨道电路的时间加上安全防护时间。假设列车在启动阶段采用匀加速运动，在制动阶段采用匀减速运动，如果已知列车长度，则可以计算出每个轨道电路的占用时间。设 u_k 表示一个进路的每个轨道电路。

$$ap = \{ u_k \mid k = 1, 2, \cdots, n \}$$

假设 ap 的开始时间为 t_{ap}^{beg}，每个轨道电路 u_k 的长度是 l^{u_k}，而列车的长度 h 是 l^h。则每个轨道电路的开始时间为 $t_{u_1}^{\text{beg}} = t_{u_2}^{\text{beg}} = \cdots = t_{u_n}^{\text{beg}} = t_{ap}^{\text{beg}}$。

列车的启动加速度为 a^{acc}，制动减速度为 a^{bak}。因此，启动过程中轨道电路的结束时间可以表示为：

$$t_{u_k}^{\text{end}} = t_{u_1}^{\text{beg}} + \sqrt{\frac{2}{a^{\text{acc}}}} \sqrt{l^h + \sum_{q=1}^{k} l^{u_q}} + t^{\text{saf}} \tag{3-1}$$

$$\forall k = 1, 2, \cdots, n$$

制动过程中轨道电路的结束时间可表示为：

$$t_{u_k}^{\mathrm{end}} = t_{u_1}^{\mathrm{beg}} + \sqrt{\frac{2}{a^{\mathrm{bak}}}} \left(\sqrt{l^h + \sum_{q=1}^{n} l^{u_q}} - \sqrt{\sum_{q=k+1}^{n} l^{u_q}} \right) + t^{\mathrm{saf}} \tag{3-2}$$

$$\forall k = 1, 2, \cdots, n$$

在进路一次解锁的情况下，$t_{u_1}^{\mathrm{end}} = t_{u_2}^{\mathrm{end}} = \cdots = t_{u_n}^{\mathrm{end}} = t_{ap}^{\mathrm{end}}$，并且 $t_{u_k} = [t_{ap}^{\mathrm{beg}}, t_{u_k}^{\mathrm{end}}]$。在分段解锁的情况下，$t_{u_k} = [t_{ap}^{\mathrm{beg}}, t_{ap}^{\mathrm{end}}]$。它们之间的差异可以在图 3-6 中清楚地显示，这解释了为什么基于分段解锁原则判断进路之间的冲突比基于一次解锁原则更有效。

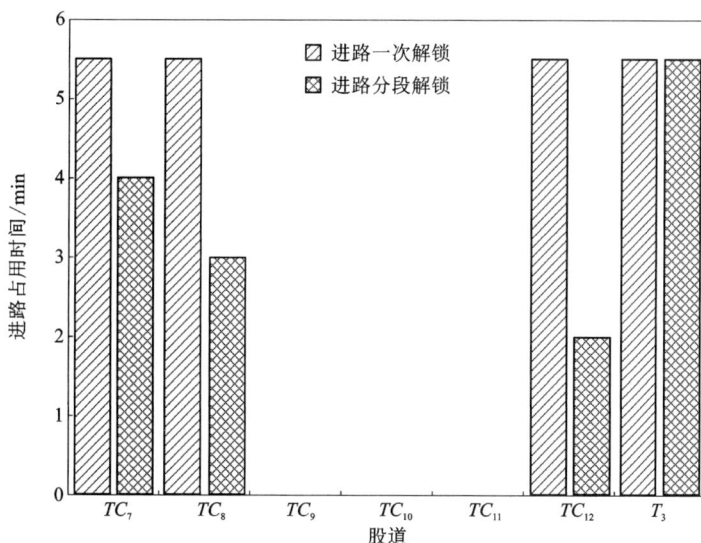

图 3-6　不同进路解锁方式的比较

3.2.3　位置–股道–时间三维离散网络模型建立

PTT3D 网络是利用节点的属性和以下规则构建的。

（1）同一车站的节点不允许相互连接

$$\min CY + DXN_{(i, j, t)}^{\mathrm{con}} = \{ (m, l, n) \in N | m \neq i \}$$

$$\forall (i, j, t) \in N \tag{3-3}$$

式中：$N_{(i, j, t)}^{\mathrm{con}}$ 为可连接到节点 $(i, j, t) \in N$ 的节点；N 为节点的集合。

(2)只能连接两个相邻车站的节点

$$N^{\text{con}}_{(i,j,t)} = \left\{ (m, l, n) \in N \mid |m-i| = 1 \right\}$$
$$\forall (i, j, t) \in N \tag{3-4}$$

(3)节点之间的连接可以通过股道坐标轴上坐标的奇偶性来确定

下行节点可以连接到另一个下行节点或上、下行节点。上行节点可以连接到另一个上行节点或上、下行节点。上、下行节点可以连接到任何方向的节点。

$$N^{\text{con}}_{(i,j,t)} = \left\{ (m, l, n) \in N \mid j \cdot l > 0 \cup j\%2 = 0 \cup l\%2 = 0 \right\}$$
$$\forall (i, j, t) \in N \tag{3-5}$$

(4)车站出发站界节点只能连接下一个股道坐标相同的相邻车站到达站界节点

出发站界节点的位置坐标除以4的余数为0,到达站界节点的位置坐标除以4的余数为1,则可以利用式(3-6)来判断这两个节点。

$$N^{\text{con}}_{(i,j,t)} = \left\{ (m, l, n) \in N \mid i\%4 + m\%4 = 1, \ l = j \right\}$$
$$\forall (i, j, t) \in N \tag{3-6}$$

(5)到达股道节点只能由具有相同股道坐标的出发股道节点连接

$$N^{\text{con}}_{(i,j,t)} = \left\{ (m, l, n) \in N \mid (i\%4) \cdot (m\%4) = 6, \ l = j \right\}$$
$$\forall (i, j, t) \in N \tag{3-7}$$

(6)列车在每个停站的停站时间必须满足最小停站时间要求和最大停站时间要求

$$N^{\text{con}}_{(i,j,t)} = \left\{ (m, l, n) \in N \mid (i\%4) \cdot (m\%4) = 6, \ t_{\min} \leq |t-n| \leq t_{\max} \right\}$$
$$\forall (i, j, t) \in N \tag{3-8}$$

式中:$t_{\min}$ 为最小停站时间;$t_{\max}$ 为最大停站时间。对于通过列车,$t_{\min} = t_{\max} = 0$。

综上所述,可以得到式(3-9):

$$N^{\text{con}}_{(i,j,t)} = \left\{ \begin{array}{c} (m, l, n) \\ |m-i| = 1 \end{array}, \left| \begin{array}{l} l=j, \ t_{\min} \leq |t-n| \leq t_{\max}, \ (i\%4) \cdot (m\%4) = 6 \\ l=j, \ i\%4 + m\%4 = 1 \\ j \cdot l > 0 \cup j\%2 = 0 \cup l\%2 = 0, \ \text{其他情况} \end{array} \right\}$$

$$\forall (i, j, t) \in N$$

$$\tag{3-9}$$

3.2.4　弧段路集合建立

PTT3D 网络中的弧段可以根据不同的原则划分为不同的集合。

（1）车站弧段集合 $s \in S$

$$A_s^{\mathrm{sta}} = \begin{cases} (i,\ m,\ j,\ l,\ t,\ n) \in A, \\ i\%4 + m\%4 \neq 1,\ \left[\ (i-1)/4\ \right]+1 = s \end{cases} \tag{3-10}$$

式中：A_s^{sta} 为站点 $s \in S$ 的弧段集合，其中 S 为站点的集合；$i\%4 + m\%4 \neq 1$ 表示弧段是车站弧段；$\left[\ (i-1)/4\ \right]$ 为站点编号从 1 开始。

（2）停站弧段集合 $s \in S$

$$A_s^{\mathrm{dw}} = \begin{cases} (i,\ m,\ j,\ l,\ t,\ n) \in A, \\ (i\%4) \cdot (m\%4) = 6,\ t \neq n,\ \left[\ (i-1)/4\ \right]+1 = s \end{cases} \tag{3-11}$$

式中：A_s^{dw} 为 $s \in S$ 的停站弧段集合；$(i\%4) \cdot (m\%4) = 6$ 为弧段是停站弧段或通过弧段；$t \neq n$ 为车站弧段，不是通过弧段。

（3）区间弧段集合 $e \in E$

$$A_e^{\mathrm{sec}} = \begin{cases} (i,\ m,\ j,\ l,\ t,\ n) \in A,\ i\%4 + m\%4 = 1, \\ \left[\ (i-1)/4\ \right]+1 = o(e),\ \left[\ (m-1)/4\ \right]+1 = d(e) \end{cases} \tag{3-12}$$

式中：A_e^{sec} 为区间 $e \in E$ 的弧段集合，其中 E 为区间的集合；$i\%4 + m\%4 = 1$ 表示该弧段为区间弧段；$\left[\ (i-1)/4\ \right]+1$ 为区间 e 的起点站 $o(e)$；$\left[\ (m-1)/4\ \right]+1$ 为区间 e 的终点站 $d(e)$。

（4）与车站弧段占用同一轨道电路的弧段集合

$$A_\alpha^{\mathrm{stc}} = \begin{cases} a'(i',\ m',\ j',\ l',\ t',\ n') \in A_{\left[\ (i-1)/4\ \right]+1}^{\mathrm{sta}}, \\ u_k \in a,\ u_{k'} \in a',\ u_k = u_{k'} \end{cases} \tag{3-13}$$

$$\forall \alpha(i,\ m,\ j,\ l,\ t,\ n) \in A_{\left[\ (i-1)/4\ \right]+1}^{\mathrm{sta}}$$

式中：A_α^{stc} 为与车站弧段 $\alpha \in A_s^{\mathrm{sta}}$ 占用相同轨道电路的弧段集合；$u_k = u_{k'}$，$\forall u_k \in a$，$u_{k'} \in a'$ 为这两个弧段有相同的轨道电路。

（5）占用轨道电路的弧段集合，满足与车站弧段的联动关系

$$A_\alpha^{\mathrm{int}} = \begin{cases} a'(i',\ m',\ j',\ l',\ t',\ n') \in A_{\left[\ (i-1)/4\ \right]+1}^{\mathrm{sta}}, \\ u_k \in a,\ u_{k'} \in a',\ u_k,\ u_{k'} \in U_{\left[\ (i-1)/4\ \right]+1}^{\mathrm{int}} \end{cases} \tag{3-14}$$

$$\forall \alpha(i,\ m,\ j,\ l,\ t,\ n) \in A_{\left[\ (i-1)/4\ \right]+1}^{\mathrm{sta}}$$

式中：A_α^{int} 为与车站弧段 $\alpha \in A_s^{sta}$ 满足联动关系的占据轨道电路的弧段集合；$u_{k'} \in a'$，u_k，$u_{k'} \in U_{\left[(i-1)/4\right]+1}^{int}$ 为两个弧段占据满足同步运动关系的轨道电路；U_s^{int} 表示满足车站 $s \in S$ 共动关系的轨道电路集合。

联动关系意味着形成交叉的两个道岔的方向应该相同。如图 3-7 所示，进路 ap_1 侧向通过 TC_{12}，但是进路 ap_2 径向通过 TC_{12}。若两个进路冲突判断为同时占据同一轨道电路，TC_{12} 可由 ap_2 占用，直至 ap_1 结束对 TC_{12} 的占用。然而，进路 ap_1 和 ap_2 在 TC_{12} 的不同方向上行进。ap_1 结束对 TC_{12} 的占用后，需要重新办理进路，将 TC_{12} 的方向由侧向改为径向，然后 ap_2 才能占用 TC_{12}。

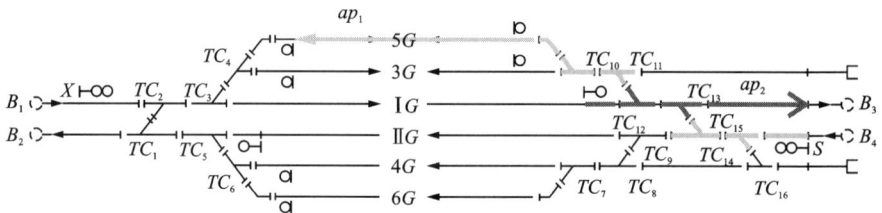

图 3-7　两种进路之间的联动关系

然后利用轨道电路占用时间和轨道电路的联动关系，从微观层面判断进路间的冲突，PTT3D 网络能够更精确地描述车站内列车的作业情况，进一步提高车站的利用效率。

3.3　高速铁路列车运行图与车站作业一体化编制模型

本节通过 PTT3D（位置-股道-时间三维离散）网络将高速铁路列车运行图与车站作业的一体化编制模型转化为 PTT3DNF（PTT3D network flow，位置-股道-时间三维离散网络流）模型。

3.3.1　模型假设

模型假设包括：

①动车组数量充足。因为本章重点研究的是列车运行图和车站作业计划一

体化编制问题，所以不考虑动车运用计划的问题，也不考虑列车折返作业。

②研究的车站进路为基本进路。

③将列车的启动过程简化为匀加速直线运动，制动过程简化为匀减速直线运动。

④列车在区间的运行时间是固定的，且同一等级的列车在区间的运行时间相同。

⑤同一等级的列车在同一进路上的运行时间相同。

⑥跨线列车只考虑在当前高速铁路线路上的运行情况。对于存在跨线接入作业的列车，将衔接站作为其始发车站。与本线始发列车不同的是，跨线列车还要考虑其在衔接站的跨线接入作业及相应的安全间隔时间。与此类似，对于存在跨线转出作业的列车，将衔接站作为其终到站，并考虑其在衔接站的跨线转出作业及相应的安全间隔时间。

⑦对于进出段列车，只考虑列车在当前高速铁路线路上的运行情况，不考虑其在动车段的运行情况，即进出段列车到站进路和出站进路的作业时间均为 0。

3.3.2　符号说明

本章所使用的集合、参数和变量的符号描述与定义见表 3-1。

表 3-1　符号说明

集合	说明
S	表示车站的集合，车站的总数用 n_S 表示
H	表示列车的集合
E	表示区间的集合
P	表示时空路径的集合
P_h	表示列车 h 的时空路径集合，$h \in H$，$P_h \subseteq P$
A	表示三维离散时空网络的弧段集合
A_s^{sta}	表示三维离散时空网络中车站 s 的弧段集合，$s \in S$

续表3-1

集合	说明
A_s^{dw}	表示三维离散时空网络中车站 s 的停站弧段集合,$s \in S$
A_e^{sec}	表示三维离散时空网络中经过某一区间 e 的运行弧段集合,$e \in E$
A_α^{stc}	表示与车站弧段 $\alpha \in A_s^{\text{sta}}$ 占用相同轨道电路的弧段集合
A_α^{int}	表示与车站弧段 $\alpha \in A_s^{\text{sta}}$ 占用的轨道电路具有联动关系的一组弧段集合
U_s^{int}	表示满足车站联动关系的轨道电路集合,$s \in S$

参数	说明
t	表示离散时间节点,时间间隔是 0.5 min
s	表示某个车站,$s \in S$
h	表示某次列车,$h \in H$
e	表示某个区间,$e \in E$
$o(e)$,$d(e)$	分别表示列车按照运行方向进入和离开区间 e 的车站
σ,τ	分别表示虚拟出发节点和虚拟到达节点
p,p'	分别表示某条时空路径,p,$p' \in P$,$p \neq p'$
α,α'	分别表示弧段,α,$\alpha' \in A$,$\alpha \neq \alpha'$
u_k^α	表示车站弧段 α 的第 k 个轨道电路
c_p^σ,c_α^{dw}	分别表示虚拟出发弧段和车站停站弧段的权重
c^{pen},c_G^{pen},c_D^{pen}	分别表示停站时间的惩罚系数、G 字头列车和 D 字头列车停站时间的惩罚系数
t_α^{beg},t_α^{end}	分别表示弧段的开始和结束时间,$\alpha(i, m, j, l, t, n)$,$t_\alpha^{\text{beg}} = t$,$t_\alpha^{\text{end}} = n$
t_s^{dep},t_s^{arr}	分别表示相邻列车从车站 s 出发的安全间隔时间和到达车站 s 的安全间隔时间
t^{saf}	表示轨道电路的安全保护时间
$t_{u_k^\alpha}^{\text{beg}}$,$t_{u_k^\alpha}^{\text{end}}$	分别表示轨道电路 u_k^α 的开始和结束时间
β_α^p	0-1 系数,如果等于 1 表示路径 p 经过弧段 α,否则等于 0

变量	说明
x_p	0-1 整数变量,如果等于 1 表示最优解中选择了路径 p,否则为 0

3.3.3　目标函数

我们以最大化列车运行线的铺画数量和最小化总的停站时间为优化目标，在提高线路通过能力的同时也兼顾了旅客出行的时间成本。我们利用提出的位置-股道-时间三维离散网络将列车运行图与车站作业计划一体化编制问题转换成了网络流问题，将目标函数转换成了三维路径的"费用"，将约束条件转换成了节点和弧段的"权重"。为了方便处理，我们将节点的权重转移到相邻的弧段上，这样，路径的费用就是所包含的弧段的权重之和。路径的费用主要由以下几部分组成：

①虚拟出发弧段的权重：我们的优化目标之一是最大化列车运行线的铺画数量，转成为网络流问题就是能够在三维离散网络中为更多的列车安排且仅安排一条路径，即网络流的优化目标之一是所有路径的费用之和最大。我们定义每条路径的基本费用为 c_p^σ，用虚拟出发弧段的权重来表示。

②车站停站弧段的权重：我们的另一个优化目标是最小化总的停站时间，转换为网络流问题就是让所有车站停站弧段的权重之和最小。我们为列车的停站时间增加一个惩罚系数，c^{pen}，列车的停站时间越长，车站停站弧段的权重就会越大。同时，高速铁路上运行的列车一般可以划分为高优先级列车和低优先级列车。列车的优先级可以根据速度划分，也可以具体到每个区间，根据列车的停站方案和标尺划分，还可以由开行方案指定。高优先级列车之间一般不越行，高优先级列车可以越行低优先级列车，但是低优先级列车一般不越行高优先级列车。我们通过为两种类型的列车设置不同惩罚系数的方式，来达到尽量减少但不禁止低优先级列车越行高优先级列车的目的。其中高优先级列车具有较大的惩罚系数，低优先级列车具有较小的惩罚系数。

则车站停站弧段的权重 c_α^{dw} 为：

$$c_\alpha^{\text{dw}} = (t_\alpha^{\text{end}} - t_\alpha^{\text{beg}}) \cdot c^{\text{pen}} \; \forall \, i \in S, \; \alpha \in A_i^{\text{sto}} \tag{3-15}$$

③车站接车弧段、通过弧段、发车弧段、区间运行弧段和虚拟到达弧段的权重为 0。

④为了目标函数表达的统一，我们将代表线路通过能力的目标函数取相反数，可以将整体的优化目标变为取最小值。

则目标函数为：

$$z_1 = \min \sum_{h \in H} \sum_{p \in P_h} \left[-c_p^\sigma + \sum_{s \in S} \sum_{\alpha \in A_s^{\mathrm{dw}} : \beta_\alpha^p = 1} (t_\alpha^{\mathrm{end}} - t_\alpha^{\mathrm{beg}}) \cdot c^{\mathrm{pen}} \right] \cdot x_p$$

$$(3-16)$$

3.3.4 约束条件

（1）网络流约束

$$\sum_{p \in P_h} x_p \leqslant 1$$

$$\forall h \in H$$

$$(3-17)$$

该式表示每趟列车在三维离散网络中最多选择一条路径。

（2）到达安全间隔时间约束

$$\sum_{p : \beta_\alpha^p = 1} x_p + \sum_{p' : \beta_{\alpha'}^{p'} = 1} x_{p'} \leqslant 1$$

$$\forall e \in E,\ \alpha,\ \alpha' \in A_e^{\mathrm{sec}},\ 0 \leqslant t_{\alpha'}^{\mathrm{end}} - t_\alpha^{\mathrm{end}} < t_{d(e)}^{\mathrm{arr}}$$

$$(3-18)$$

该式表示同一方向运行的相邻列车先后到达某一车站的时间要满足到达安全间隔时间的要求。

（3）出发安全间隔时间约束

$$\sum_{p : \beta_\alpha^p = 1} x_p + \sum_{p' : \beta_{\alpha'}^{p'} = 1} x_{p'} \leqslant 1$$

$$\forall e \in E,\ \alpha,\ \alpha' \in A_e^{\mathrm{sec}},\ 0 \leqslant t_{\alpha'}^{\mathrm{beg}} - t_\alpha^{\mathrm{beg}} < t_{o(e)}^{\mathrm{dep}}$$

$$(3-19)$$

该式表示同一方向运行的相邻列车先后从某一车站出发的时间要满足出发安全间隔时间的要求。

（4）越行约束

$$\sum_{p : \beta_\alpha^p = 1} x_p + \sum_{p' : \beta_{\alpha'}^{p'} = 1} x_{p'} \leqslant 1$$

$$\forall e \in E,\ \alpha,\ \alpha' \in A_e^{\mathrm{sec}},\ (t_{\alpha'}^{\mathrm{beg}} - t_\alpha^{\mathrm{beg}})(t_{\alpha'}^{\mathrm{end}} - t_\alpha^{\mathrm{end}}) \leqslant 0$$

$$(3-20)$$

该式表示禁止同一方向的列车在区间越行。

（5）进路冲突约束

$$\sum_{p : \beta_\alpha^p = 1} x_p + \sum_{p' : \beta_{\alpha'}^{p'} = 1} x_{p'} \leqslant 1$$

$$\forall s \in S,\ \alpha \in A_s^{\mathrm{sta}},\ \alpha' \in A_\alpha^{\mathrm{stc}},\ t_{u_k'}^{\mathrm{end}} > t_{u_{k'}}^{\mathrm{beg}},\ t_{u_{k'}'}^{\mathrm{end}} > t_{u_k}^{\mathrm{beg}}$$

$$(3-21)$$

（6）联动关系约束

$$\sum_{p:\, \beta_\alpha^p = 1} x_p + \sum_{p':\, \beta_{\alpha'}^{p'} = 1} x_{p'} \leqslant 1$$

$$\forall s \in S,\ \alpha \in A_s^{\text{sta}},\ \alpha' \in A_\alpha^{\text{stc}},\ t_\alpha^{\text{beg}} < t_{u_{k'}^{\alpha'}}^{\text{end}} + t^{\text{saf}}$$

$$(3-22)$$

（7）决策变量取值约束

$$x_p \in \{0,\ 1\}$$

$$\forall p \in p$$

$$(3-23)$$

3.4　高速铁路列车运行图与车站作业一体化编制模型的求解算法

　　PTT3DNF 模型是 0-1 整数线性规划模型，模型的规模主要由列车数量、车站数量和车站内部的进路数量决定。对于一些高速铁路的主干通道来说，通道上的车站数量较多，一些枢纽车站内部流线复杂、进路较多，且开行的列车数较多，导致了应用模型 PTT3DNF 求解时解空间的数量非常庞大，是大规模的 0-1 整数线性规划问题。本章采用改进分支定价算法对模型进行求解。分支定价算法是由列生成算法和分支定界算法组成的，其中列生成算法是用来求解分支定界树上节点的线性松弛问题以获得原问题的下界解。分支定界算法是用来求解原问题的整数上界解，通过迭代计算不断减少上、下界解的差距。当两者相等时即得到原问题的最优解。有时为了平衡计算的时间和精度，认为当上、下界之间的差距满足一定要求时即得到了原问题的全局近似最优解。

3.4.1　求解线性松弛问题的列生成算法

　　（1）限制主问题

　　模型为 0-1 整数线性规划模型。其中式（3-22）用于构建三维离散网络，因此在限制主问题中不考虑。将式（3-23）的整数决策变量松弛为连续变量，并取解空间集合 P 的一个子集 P^0。

$$0 \leqslant x_p \leqslant 1$$

$$\forall p \in P^0 \subset P$$

$$(3-24)$$

那么限制主问题可以描述为：

$$\min \sum_{h \in H} \sum_{p \in P_h^0} \left[-c_p^{\sigma} + \sum_{s \in S} \sum_{\alpha \in A_s^{\mathrm{dw}} : \beta_{\alpha}^p = 1} (t_{\alpha}^{\mathrm{end}} - t_{\alpha}^{\mathrm{beg}}) \cdot c^{\mathrm{pen}} \right] \cdot x_p$$

$$(3-25)$$

$$\mathrm{s.\,t.\ 式(3-17) \sim 式(3-22)，式(3-24)} \tag{3-26}$$

限制主问题可以用商业计算软件 ILOG CPLEX 进行求解，得到的解和对偶变量用于定价子问题的计算。

（2）定价子问题

求解定价子问题是列生成算法中重要的一步，对于最小化问题来说，其目的是寻找能够使目标函数值下降最大的可行解，即检验数最小的列，并将它加入限制主问题中。每个列的检验数也称为该列的价格，那么对于三维离散网络中的任意一条路径 p，它的检验数 φ_p 可以表示为：

$$\varphi_p = c_p^{\sigma} - \gamma_h - \sum_{e \in E} \sum_{\alpha \in A_e^{\mathrm{sec}}} \pi_{e,o,\alpha} - \sum_{e \in E} \sum_{\alpha \in A_e^{\mathrm{sec}}} \beta_{e,d,\alpha}$$

$$- \sum_{e \in E} \sum_{\alpha \in A_e^{\mathrm{sec}}} \xi_{e,\alpha} - \sum_{\alpha \in A_{\alpha}^{\mathrm{stc}}} \theta_{\alpha} - \sum_{\alpha \in A_{\alpha}^{\mathrm{int}}} \eta_{\alpha} \tag{3-27}$$

式中：γ_h，$\pi_{e,o,\alpha}$，$\beta_{e,d,\alpha}$，$\xi_{e,\alpha}$，θ_{α} 和 η_{α} 分别为式（3-17）~式（3-22）的对偶变量，表示对应的节点、弧段等资源被占用的影子价格。

如果所有路径的检验数都大于或等于 0，即得到线性松弛问题的最优解。如果有的路径检验数小于 0，那么还需要继续优化。定价子问题就是三维离散网络中有资源约束的最短路径问题，即利用求解限制主问题得到的对偶值更新弧段的权重，然后计算整条路径的费用。搜索得到的费用最小的路径即为要加入限制主问题中的更新列。

3.4.2　求解受限制静态网络最短路径问题的 ASPFA 算法

定价子问题可以被认为是一个资源受限的最短路径问题。本节在 A-star 和最短路径快速算法（shortest path faster algorithm，SPFA）的基础上，提出了一种新的算法。

新算法的主要步骤如下：

Step 1：利用求解限制主问题获得对偶变量更新弧段的权重。集合 G^{min} 用于存放每次计算得到的最短路径。定义：cnt(m) 表示图中任一节点 m 进入、离开优先级队列的次数；$g(m)$ 表示由开始节点 σ 到节点 m 的最短路径费用；$g*(m)$ 是深度因子，表示由开始节点 σ 到节点 m 的当前最小费用，它是算法计算过程中的最小费用，不一定等于全局最小费用；$h(m)$ 表示由节点 m 到目标节点 τ 的最短路径的实际费用；$h*(m)$ 是启发因子，表示由节点 m 到目标节点 τ 的最短路径费用的估计值，也是 $A*$ 算法中需要构造的估值函数；$f(m)$ 表示由开始节点 σ 通过节点 m 到目标节点 τ 的最短路径费用；$f*(m)$ 表示由开始节点 σ 通过节点 m 到目标节点 τ 的最短路径费用的估计值。建立状态优先级队列$(m, g*(m), f*(m))$。令 $G^{\min} = \varnothing$，$j=1$。转 Step 2。

Step 2：将原图 P_j 中的所有弧段反向并假设节点的进、出弧段都是连通的，得到反向图 $P_{j'}$，且 $\sigma' = \tau$，$\tau' = \sigma$。利用 SPFA 算法计算 $P_{j'}$ 中 σ' 到任一节点 $m' = m$ 的最短路径费用，作为 P_j 中任一节点 m 到 τ 的最短路径的估值费用 $h*(m)$。转 Step 3。

Step 3：清空优先级队列中的所有元素。令 $\text{cnt}(\sigma) = 0$，$\text{cnt}(\tau) = 0$。加入初始状态$(\sigma, g*(\sigma), f*(\sigma)) = (\sigma, 0, h*(\sigma))$。转 Step 4。

Step 4：将优先级队列按照 $f*(m)$ 的值从小到大进行排列。从优先级队列中移除首位元素$(u, g*(u), f*(u))$。$\text{cnt}(u) = \text{cnt}(u) + 1$。如果 $u = \tau$，$\text{cnt}(u) = 1$，那么输出列车 j 的最短路径，转 Step 6；否则转 Step 5。

Step 5：遍历 u 的所有后续相邻节点，根据状态转移函数和节点连通关系表计算后续节点的状态并加入优先级队列中。令 q 表示节点 u 的上一相邻节点，v 表示节点 u 的任一后续相邻节点，$w[u][v]$ 表示相邻节点组成的弧段 (u, v) 的权重，则状态转移函数为：

$$(u, g*(u), f*(u)) \rightarrow (v, g*(u)+w[u][v], g*(u)+w[u][v]+h*(v))$$

$$(3-28)$$

查询节点 u 的连通关系表，如果弧段 (q, u) 和弧段 (u, v) 不连通，令 $f*(v) = +\infty$。如果 $\text{cnt}(v) > 1$ 或者 $f*(v) \geq 0$，则计算得到的状态不加入优先级队列，否则加入优先级队列。转 Step 4。

Step 6：将列车 j 的最短路径加入 $G^{\min}$ 中。令 $j = j+1$，如果 $j > n$，转 Step 7；否则转 Step 2。

Step 7：将 $G^{\min}$ 中的所有列车路径按照路径的成本从小到大进行排序，取其中成本最小的路径加入限制主问题中。终止计算。

下面我们来证明 ASPFA 算法的最优性。ASPFA 算法的核心思想是利用反向 SPFA 计算得到图中任一节点 m 到终点 τ 的最短路径费用，并将其作为 A*算法的估值函数 $h*(m)$，本质上还是 A*算法，所以证明了 A*算法的最优性也就是证明了 ASPFA 算法的最优性。如果算法满足 A*算法的有限网络可接纳性条件，即对于有限网络来说，其至少存在一条从起点到终点的有限费用的路径，满足每个节点的后续节点数量是有限的，而且对于网络中的任意节点 m 均满足 $h*(m) \leqslant h(m)$，那么我们就说算法一定能找到最短路径。本章构建的三维离散网络是有限图，每个节点的后续节点数目也是有限的。虽然可能会有节点进、出弧段不连通的现象，但是除去虚拟到达和虚拟发车节点以外的每个节点都至少存在一对连通的进、出弧段，保证了至少能够找到一条从起点到终点的有限费用路径。根据上面描述的算法步骤，我们首先假设原图中所有节点的进出弧段都是连通的，然后利用 SPFA 算法计算从任一节点 m 到终点 τ 的最短路径，并将其费用作为节点 m 的估值费用 $h*(m)$。换句话说，从节点 m 到终点 τ 的所有路径的费用都要大于等于最短路径的费用。如果该路径在原图中也是连通的可行路径，那么 $h*(m) = h(m)$。如果该路径在原图中是不可行的，那么 $h*(m) \leqslant h(m)$。以上几点满足了有限网络可接纳性条件，保证了利用 A*算法可以得到问题的最短路径。

3.4.3　求解整数解的快速分支策略

常用的分支方法有基于变量的分支策略和基于约束的分支策略，这两种策略各自有一定的适用范围。本节根据模型和算法的特点选择了基于变量的分支策略。对于 0-1 整数线性规划问题来说，基于变量的分支策略一般是将获得的分数解直接取整数 0 和 1，对解空间进行划分。由于 0 分支作为约束条件加入当前的模型中对整个解空间的作用不大，且会降低问题的收敛速度，因此本节采用快速分支策略，直接将分数解取整数 1 作为约束条件加入模型中进行分支。具体的做法：首先将获得的分数解按照一定的条件(比如按照值从大到小的顺序或者按照值接近于 0.5 的程度)进行排序，然后按照集束搜索策略，每次从中选择符合集束宽度数量要求的变量进行分支。该方法在类似的 0-1 整数规划问题中被证明是非常有效的。

改进的分支定价算法流程如图 3-8 所示。

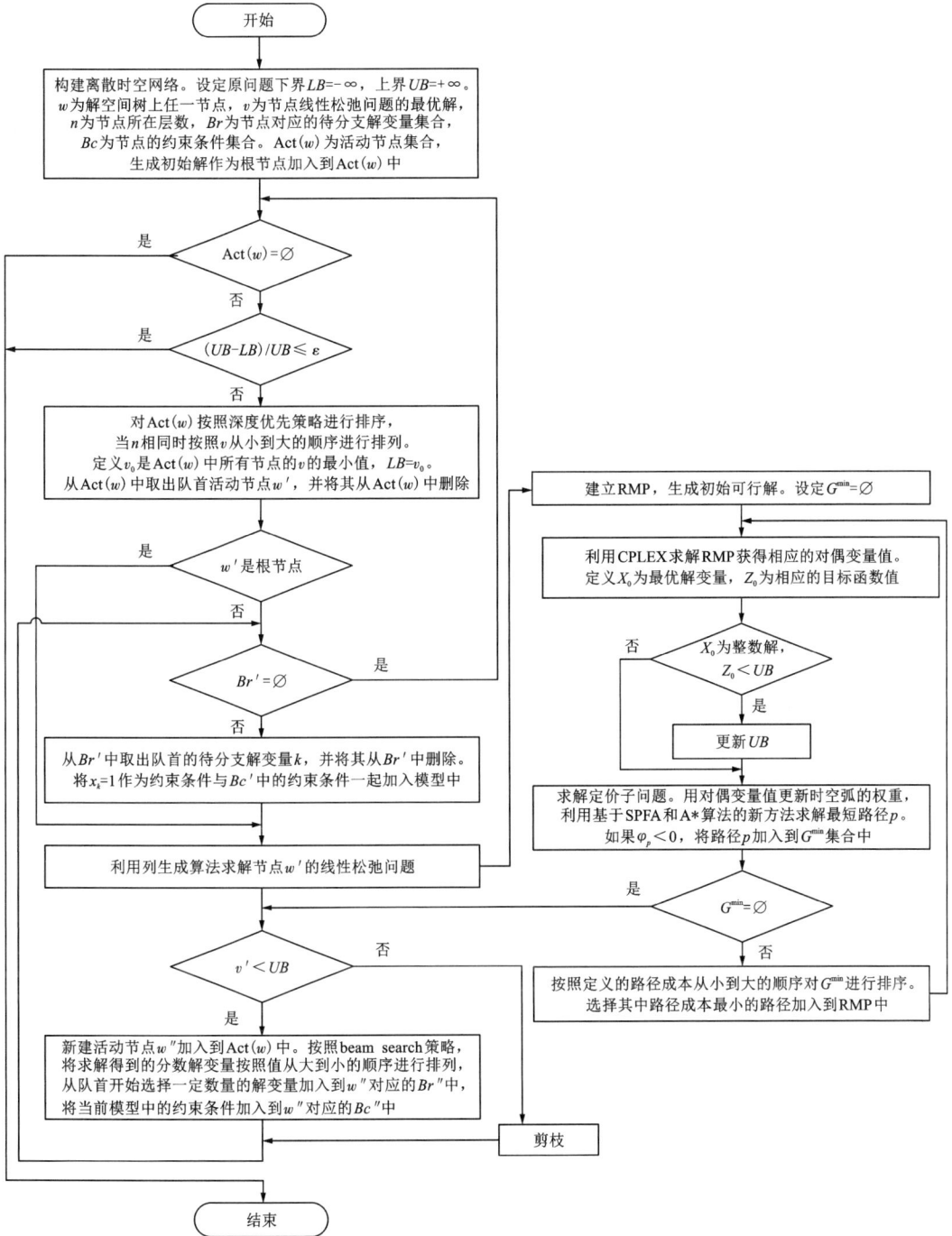

图 3-8　改进的分支定价算法流程图

3.5　高速铁路列车运行图与车站作业一体化编制案例分析

我们用京沪高速铁路的实际数据来验证模型和算法的有效性。算法是部署在 AMD 2400 G 3.60 GHz 的 CPU，16GB 内存，在 Windows 10 系统的电脑上运行，利用基于 Microsoft Visual Studio 2013 平台的 C 语言和商业计算软件 ILOG Cplex 12.7 对算法进行编程。

京沪高速铁路全长 1318 km，是《中长期铁路网规划》中"八纵八横"高速铁路主通道之一。自北京南高速场引出，经廊坊，天津南、沧州西、德州东、济南西、泰安、曲阜东、滕州东、枣庄、徐州东、宿州东、蚌埠南、定远、滁州、南京南(京沪场)、镇江南、丹阳北、常州北、无锡东、苏州北、昆山南，终到上海虹桥(高速场)，沿途总共经过 23 个车站和 6 个线路所。目前运行在线路上的有时速 350 公里的 G 字头列车和 250 公里的 D 字头列车。由于夜间维修天窗设置和轨道试验车的关系，运行图的实际可运行时间是从清晨 6:30 到午夜 12:00。

表 3-2 所示是京沪高速铁路沿途经过的车站名称、编号和各个车站的上、下行股道数量。为了表述的简洁，本书后续图、表中都会用车站编号来代表车站。

表 3-2　京沪高速铁路的车站数据

车站名称	编号	股道数量/个		
		下行方向	上行方向	总数
北京南(高速场)	1	12	12	12
廊坊	2	4	2	4
天津南	3	6	3	6
沧州西	4	6	3	6
德州东	5	7	4	7
济南西	6	17	17	17
泰安	7	6	3	6
曲阜东	8	3	6	6
滕州东	9	4	2	4

续表3-2

车站名称	编号	股道数量/个		
		下行方向	上行方向	总数
枣庄	10	6	3	6
徐州东	11	15	12	15
宿州东	12	3	6	6
蚌埠南	13	9	11	11
定远	14	4	2	4
滁州	15	3	6	6
南京南(京沪场)	16	10	10	10
镇江南	17	3	6	6
丹阳北	18	2	2	4
常州北	19	6	3	6
无锡东	20	6	3	6
苏州北	21	6	3	6
昆山南	22	3	3	6
上海虹桥(高速场)	23	14	19	19

表 3-3 所示是京沪高速铁路各个区间的长度以及相应的区间运行时分和起停附加时分数据。

表 3-3　京沪高速铁路的区间数据

区间	长度/km	标尺/min					
		G 字头			D 字头		
		区间运行时分	起车附加时分	停车附加时分	区间运行时分	起车附加时分	停车附加时分
1-2	59.5	17	2	3	17	2	2
2-3	71.9	14	2	3	17	2	2
3-4	87.9	18	2	3	22	2	2
4-5	108.7	22	2	3	26	2	2
5-6	91.4	20	2	3	23	2	2
6-7	43.3	13	2	3	16	2	2

续表3-3

区间	长度/km	标尺/min					
		G字头			D字头		
		区间运行时分	起车附加时分	停车附加时分	区间运行时分	起车附加时分	停车附加时分
7-8	70.5	15	2	3	18	2	2
8-9	56	12	2	3	14	2	2
9-10	36.2	8	2	3	9	2	2
10-11	63.3	14	2	3	17	2	2
11-12	67.7	14	2	3	17	2	2
12-13	88	18	2	3	22	2	2
13-14	53	12	2	3	14	2	2
14-15	62	13	2	3	16	2	2
15-16	59.1	14	2	3	15	2	2
16-17	65.2	15	2	3	17	2	2
17-18	28.7	6	2	3	8	2	2
18-19	32.4	7	2	3	9	2	2
19-20	56.4	12	2	3	15	2	2
20-21	26.8	6	2	3	7	2	2
21-22	31.3	7	2	3	8	2	2
22-23	43.6	13	2	3	14	2	2

参数 n_S、c_p^σ、t_s^{dep}、t_s^{arr} 和 t^{saf} 分别设置为 23 min、10 min、3 min、2 min 和 5 s。最短停留时间为 2 min，最长停留时间为 35 min。参数 c_G^{pen} 和 c_D^{pen} 根据具体案例设置不同的值。将停站时间的惩罚系数 c_G^{pen} 的取值范围设置成 0~0.2，c_D^{pen} 的取值范围设置成 0~0.1，这样可以使得目标函数中的参数取值在一个数量级中。区间追踪安全间隔时间为 3 min，车站的出发安全间隔时间和到达安全间隔时间分别为 2 min 和 3 min。我们测试了 30 组算例，得到的平均计算时间是 289 s。

表 3-4 是从列车数量、平均旅行速度、平均停站时间和越行次数等角度对四种案例进行了对比分析，其中，平均停站时间表示在线路上运行的所有列车的平均停站时间；列车数量代表列车时刻表的容量；其他代表旅客服务水平。

案例 1：京沪高速铁路 2015 年的实际列车运行图。全图开行的列车总数为 285 列，其中下行 142 列、上行 143 列。开行的旅客列车为 300 km/h 的 G 字头列车和 250 km/h 的 D 字头列车。平均旅行速度为 214.8 km/h，平均停站时间为 16.7 min，平均停站次数为 5.2 次。

案例 2：利用 PTT3DNF 模型对高速铁路运行图和车站作业计划同时进行优化。目标函数是最大化线路通过能力，同时最小化列车总停站时间。其中 c_G^{pen}、c_D^{pen} 和 ε 分别设置为 0.1、0.05 和 0.3。

案例 3：利用 PTT3DNF 模型对高速铁路运行图和车站作业计划同时进行优化，目标函数是最大化线路通过能力。其中 c_G^{pen}、c_D^{pen} 和 ε 分别设置为 0、0 和 0.1。

案例 4：利用 PTT3DNF 模型计算得到的不考虑车站作业计划条件下的最大化通过能力的列车运行图，$\varepsilon = 0.1$。num_i 表示车站的上、下行股道数量。式(3-29)是车站股道数量约束，表示同一时刻在同一车站停站或通过的上、下行列车数量不能超过该站的上、下行股道数量。

$$\sum_{\alpha \in A_s^{dw}: t_\alpha^{beg} \leq t \leq t_\alpha^{end}} \sum_{p: \beta_\alpha^p = 1} x_p \leq num_s \quad \forall s \in S, t \in T \qquad (3-29)$$

单一列车运行图的最大化通过能力模型如下：

$$z_2 = \max \sum_{h \in H} \sum_{p \in P_h} c_p^\sigma \cdot x_p \qquad (3-30)$$

s.t.　　式(3-17)~式(3-20)，式(3-23)~式(3-29)

表 3-4　不同案例的对比情况

参数	案例 1	案例 2	案例 3	案例 4
列车数量	285	334	349	360
平均旅行速度/(km·h⁻¹)	214.8	200.9	186.5	195.8
平均每次停站时间/min	3.2	6.6	10.6	8.3
G 列车平均每次停站时间/min	2.7	6.4	10.8	8.3
D 列车平均每次停站时间/min	6.8	8.9	8.6	7.9
平均停站时间/min	16.7	35.4	56.3	44.4
G 列车平均停站时间/min	13.9	35	58.3	45.6
D 列车平均停站时间/min	33.7	38.7	40.4	34.4
越行次数	272	721	1593	1480

从结果中可以看出，我们提出的模型能够明显提高列车运行图的通过能力。

对比案例 4 和案例 3，我们发现全图可开行的列车增加了 11 趟，这主要是因为案例 4 中没有考虑车站作业计划，由此也可以看出车站的通过能力对线路整体的通过能力是有一定影响的。结果表明，站内列车运行会影响线路能力，因此传统的不考虑车站作业计划的列车运行图计算线路能力可能不准确。

将案例 3 与案例 1 进行对比，我们将京沪高速铁路列车运行图的通过能力提高了 22.5%，可以在保证满足车站作业计划的前提下增开 64 趟列车。当然也由于目标函数的单一，全图的平均旅行速度下降了 13.2%、平均停站时间增加了 237%，越行次数增加了 1321 次，这些都会给旅客出行带来不好的体验，降低了高速铁路的旅客服务水平。

为了提高乘客服务水平，考虑了一个附加的目标函数，即最小化总停留时间。对比案例 2 和案例 3，可证明该方案的有效性。虽然案例 2 最大可开行的列车数比案例 3 小，导致载客量减少了 4.3%，但是平均旅行速度上升了 7.7%，平均停站时间降低了 37.1%，越行次数也减少了 54.7%。方案 2 更为合理。因此，在 PTT3DNF 模型的目标函数中加入对停站时间的惩罚值，同时针对速度较快的 G 字头列车设置较高的惩罚系数，对 D 字头列车设置较低的惩罚系数，这样既可以减少列车的平均停站时间，又可以降低越行情况的发生。

由以上数据我们也可以看出，本章提出的模型和算法在保证旅客服务水平的前提下能够有效地提高列车运行图的通过能力。

图 3-9 分别显示了案例 2~案例 4 的目标函数值和整数解值随计算时间的变化。图中，下面的线表示目标函数值随计算时间的变化，上面的线表示整数解值随计算时间的变化。随着计算时间的增加，目标函数和整数解值开始迅速减小，然后逐渐趋于稳定。与一般算法不同，收敛曲线形成显著的分段形式。这种现象是分支定价算法、初始解迭代策略和提前分支策略共同影响的结果。案例 4 收敛速度最快，主要是因为它不考虑车站内的列车运行和进路，解空间最小，所以计算时间最短。案例 2 的整数解收敛速度最慢，主要是因为其目标函数不仅最大化线路容量，而且最小化总停留时间。

计算时间/s

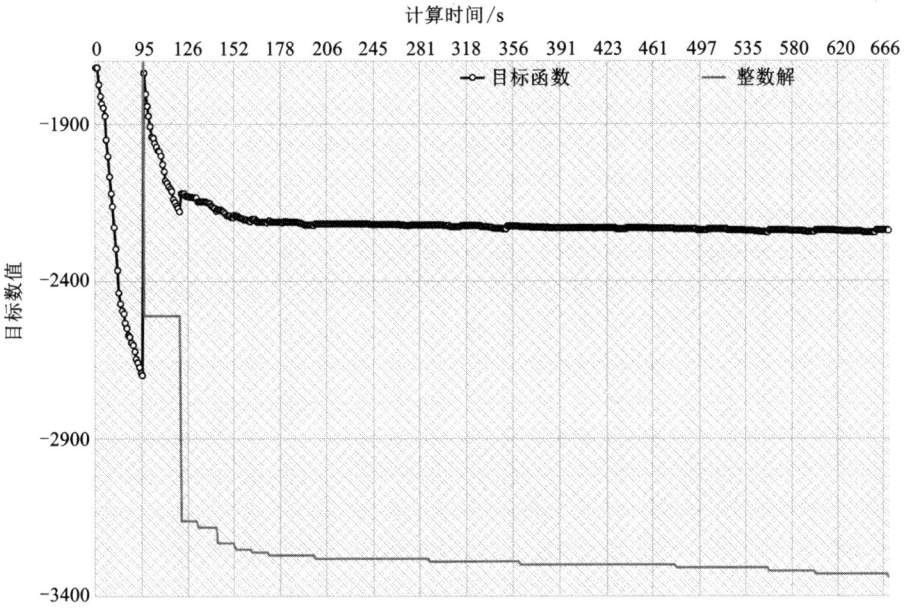

(a) 案例2

计算时间/s

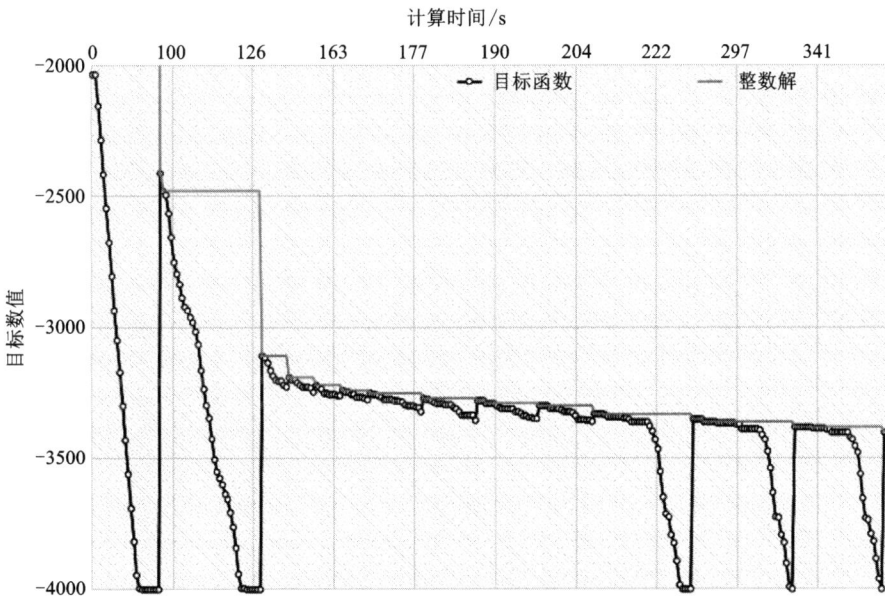

(b) 案例3

计算时间/s

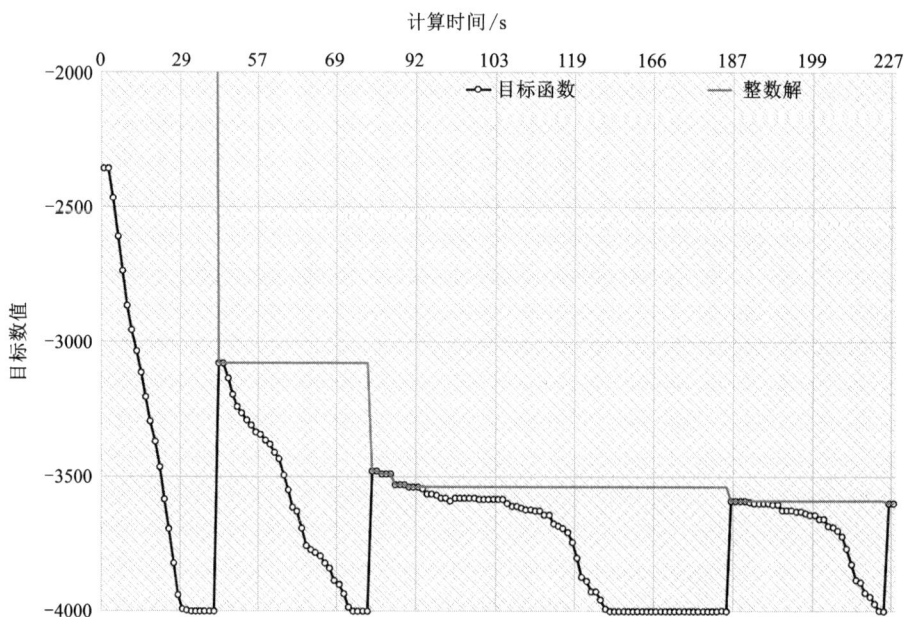

(c) 案例4

图 3-9　目标函数值和整数解随计算时间的变化

如图 3-10 所示是案例 3 中列车在任一车站的最大停站时间 t^{max} 分别取 10 min、15 min、20 min、25 min、30 min、35 min、40 min 和 45 min 时的列车数量与平均停站时间的变化情况。左侧纵轴代表列车数量，右侧纵轴代表每个列车的平均停站时间。上面的曲线代表运行图中能够铺画的最大列车数量随最大停站时间的变化情况，下面的曲线代表运行图中列车的平均停站时间随最大停站时间的变化情况。在 $t^{max} \leqslant 35$ min 之前，最大铺画列车数量呈上升趋势，并在 $t^{max} = 35$ min 时达到最大，随后最大铺画列车数量就不再增长了。而列车平均停站时间随着最大停站时间的增多而增多，呈单调上升趋势，并在 $t^{max} = 45$ min 时达到最大。

如图 3-11 所示是案例 1 中各个车站的实际列车作业数量占案例 2 中计算得到的各个车站的最大列车作业数量的百分比。从实验数据来看，京沪高速铁路上各个车站的能力利用率平均为 83.6%，其中镇江南车站的利用率最高，达 91.8%，而蚌埠南、定远和南京南（京沪场）三个车站的利用率较低，普遍低于 80%。案例 2 的列车数量比基础场景中的列车数量增加了 17.2%，但镇江南车站服务的列车数量增加最少。那么就存在车站服务能力不足的可能性，会成为线路能力的瓶颈区域。通过增加股道数量或优化车站咽喉是否可以提高线路通过能力，有待测试。同理，对于利用率较低的车站，车站的服务能力可能比较丰富，可以通过减少股道数量来测试线路能力是否会降低。

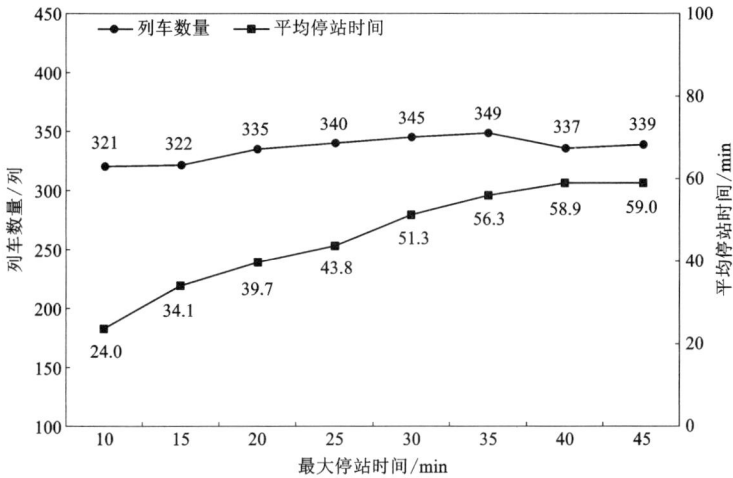

图 3-10　目标函数值随最大停站时间取值的变化情况

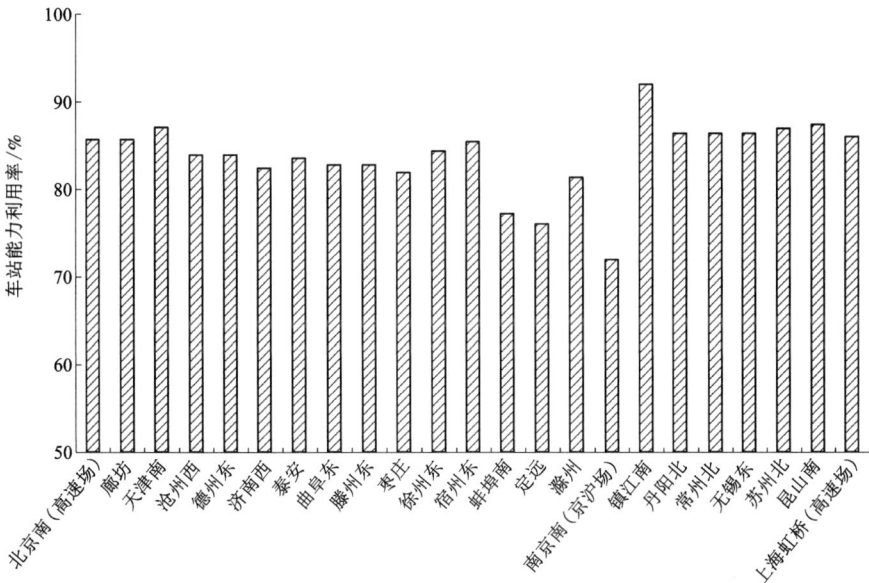

图 3-11　京沪高速铁路车站能力利用率

图 3-12 是案例 1 的列车运行图，也是京沪高速铁路的实际运行图，由于回送车底和轨道检测车的存在，所以从 5 点开始就有了作业。图 3-13 是案例 2 优化后的列车运行图，从早上 6:30 到午夜 12:00 是运行图的实际可运行时间。与案例 1 相比，案例 2 铺画运行线的密度更大了。为了显示的效果，我们仅展示了下行方向的列车。

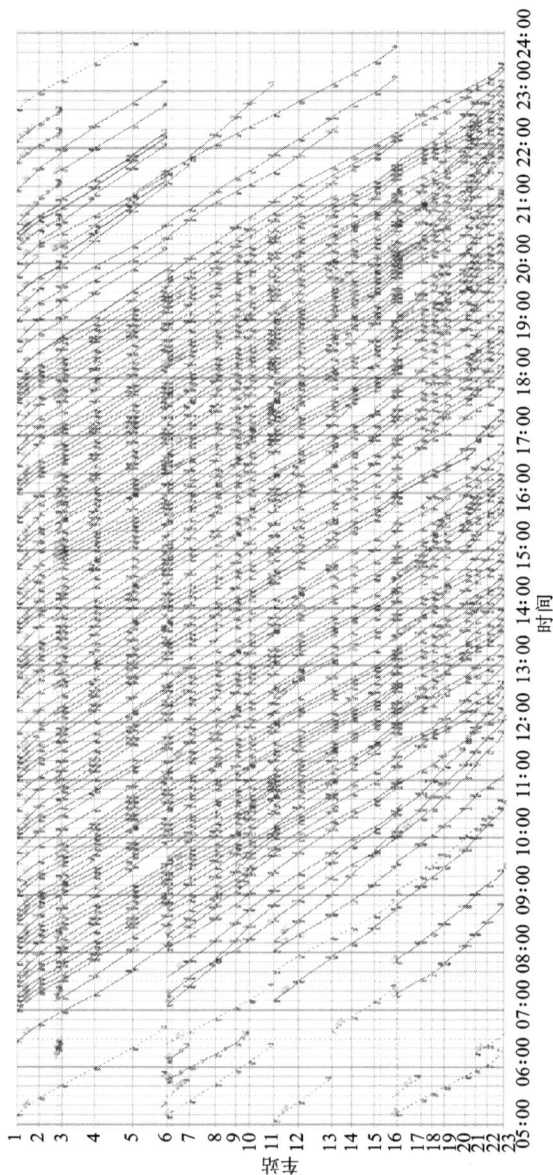

图 3-12　案例 1 的列车运行图

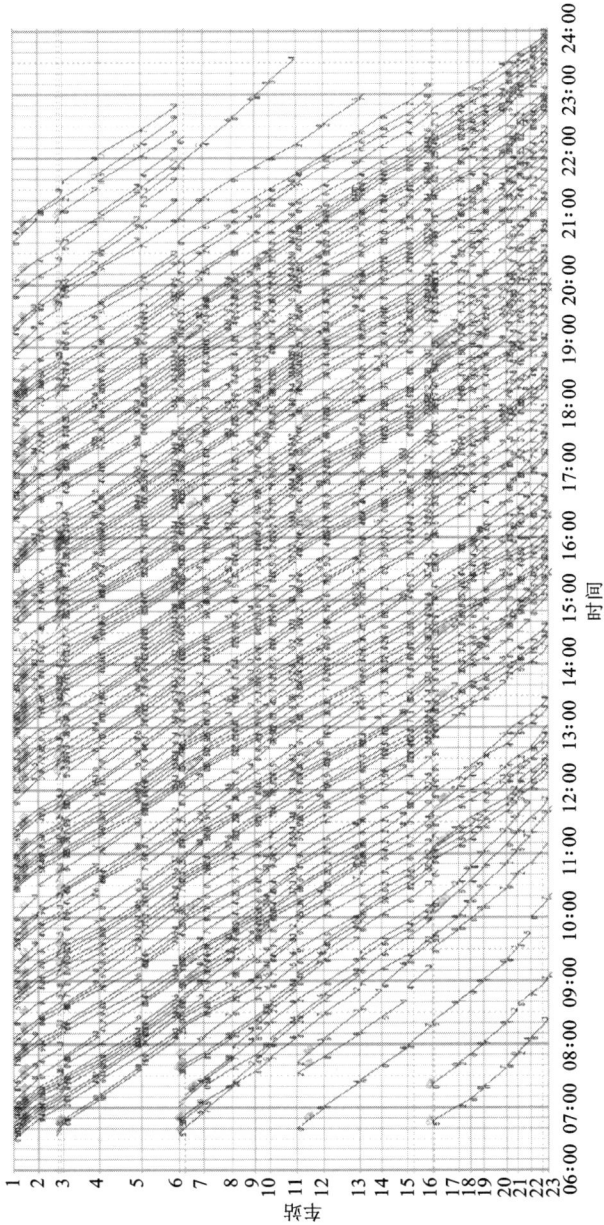

图 3-13　案例 2 优化后的列车运行图

图 3-14 是案例 2 中北京南高速场的车站作业计划图，中间的区域为我们研究的车场对象，上面按顺序排列着车场内的股道。图的上、下两侧分别代

表了京沪高速铁路线路中车站所衔接的方向，包括相邻车站去向和出入动车段所去向。我们按照列车在车场的实际到发时刻和停留股道在相应的位置画出车站作业线并标上车次和到发时刻，如图中横线所示。图中的斜线表示列车的去向，同样按照列车实际的到发时间进行标注。

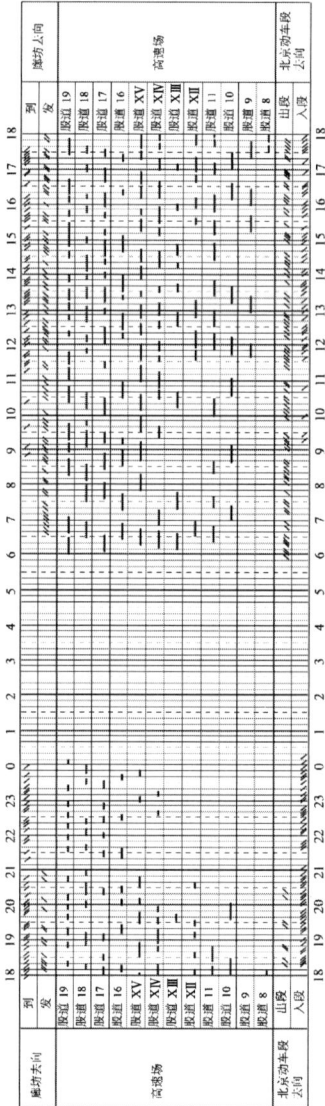

图 3-14　北京南（高速场）的车站作业计划图

第 4 章　高速铁路列车运行图与停站方案一体化编制方法

4.1　高速铁路列车运行图与停站方案一体化编制关键问题

本章的研究框架如图 4-1 所示, 输入数据分别是运行图基础数据、客流数据和车站数据。通过编图部门获得标尺(包括区间运行时分和起停附加时分), 车站到、发安全间隔时间和区间追踪安全间隔时间等运行图基本数据。通过客票部门统计的一定时期内的客流量数据推导出各个 OD 去向的服务频率要求。通过车站平面图确定车站用于服务上、下行列车的股道数量。将铁路线网上的车站按照定性和定量相结合的方法划分为不同等级的节点, 根据节点等级确定相应的服务频率。以列车预定义始发时间的偏离值最小、总的停站次数最小和总的停站时间最小为优化目标, 以满足 OD 服务频率、节点服务频率、股道数量和各类作业时间标准为约束条件, 建立了一个基于离散时空网络的高速铁路列车运行图与停站方案一体化编制模型, 利用改进的分支定价算法对模型进行求解, 并利用实际的武广高速铁路数据验证模型和算法的有效性。

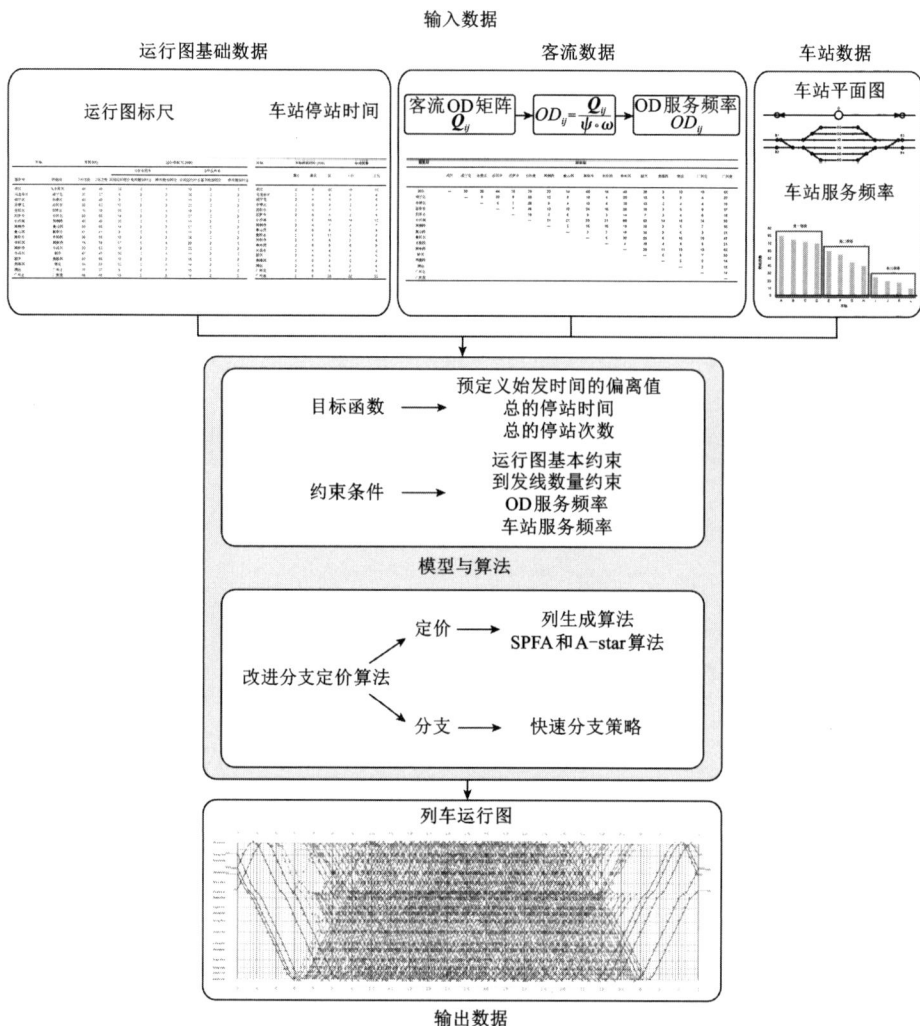

图4-1 考虑客流和车站服务需求的列车运行图优化框架

4.1.1 节点服务频率

车站是高速铁路运输网络中的重要节点，不仅承担着乘客的上车、下车和换乘等客运工作，还要组织列车的到达、出发以及动车组的出入段等作业。根据车站的地理位置、客流量，所在城市的行政地位、经济水平、人口数量、客流吸引程度等因素将铁路线网上的车站划分为不同等级的节点(一般分为三级)，每一级节点有相应的服务频率要求，其中高等级的节点服务频率较高，低等级的节点服务频率较低。节点服务频率指一定时间内(如全天)在相应车站停站和始发的列车数量。现有研究一般采用聚类分析、层次分析等方法计算节点的重要度，再利用灰色关联度分析等方法进一步对节点等级进行划分。

4.1.2　OD 服务频率

OD 服务频率是指铁路线网为各 OD 去向旅客提供的直达服务列车次数，是各等级节点之间服务可达性的表现。一般来说，高等级节点之间的 OD 服务频率较大，低等级节点之间的 OD 服务频率较小。图 4-2 所示是某条铁路线路的 OD 服务频率数据，其中浅灰色区域表示相应 OD 去向的服务频率较低，能够提供直达服务的列车数量较少、相邻列车之间的发车间隔时间较长，旅客出行的选择较少，服务水平较低；深灰色区域表示相应 OD 去向没有为旅客提供直达服务的列车，旅客的出行需要通过换乘的方式才能满足。从这点来看，OD 服务频率可以一定程度上反映相应去向的旅客服务水平。以图中 K 站为例，我们可以发现与其相关的 OD 去向服务频率都很低，这与 K 站节点等级较低、所在城市出行客流量较少等有直接关系。同时，OD 服务频率较低也导致 K 站相关的去向对客流的吸引力较差，一定程度上又抑制了客流量的增长。由此可以

车站	A	B	C	D	E	F	G	H	I	J	K	L	M
A	—	26	46	9	7	10	10	25	6	13	2	4	26
B	10	—	58	8	12	10	11	30	6	11	2	6	32
C	33	46	—	25	31	18	24	64	14	29	3	11	69
D	10	6	28	—	12	11	15	33	7	18	1	3	26
E	6	9	29	11	—	7	13	29	6	14	0	4	26
F	6	10	21	8	7	—	9	20	4	9	3	2	17
G	10	13	30	12	13	7	—	26	6	13	1	5	22
H	16	24	65	34	29	18	29	—	18	35	5	14	69
I	6	8	20	8	8	8	8	20	—	11	3	4	16
J	7	11	31	20	15	4	14	39	10	—	3	6	25
K	3	0	7	3	5	1	3	10	2	5	—	4	6
L	4	6	17	8	7	6	6	19	6	6	5	—	17
M	16	24	70	28	21	19	24	68	20	27	10	23	—

图 4-2　某条线路的 OD 服务频率数据

看出，合理的 OD 服务频率是保证节点间服务可达性、满足旅客出行需求的重要条件。

4.2 离散时空网络的构建

我们用离散时空网络描述列车在线路上的运行过程。图 4-3 是某条线路上某趟列车的离散时空网络示意图，该线路总共有 4 个车站和 3 个区间。图中横轴表示时间，纵轴表示车站里程，浅灰色圆形图案代表离散的时空节点，表示列车在某一物理节点离开或者到达事件发生的时刻。深灰色的圆形图案代表虚拟出发节点和虚拟到达节点，虚线代表虚拟连接弧段。灰色和黑色的实线根据末端箭头的不同分别代表区间运行弧段、车站通过弧段和车站停站弧段。虚拟出发节点 σ 与始发列车的可行始发时间节点或跨线列车的转入时间节点形成了相应的虚拟出发弧段。区间运行弧段描述的是列车在区间的运行过程，时间长度为列车的区间运行时分。因为高速铁路列车运行速度较快，区间运行时间较短，使得起停附加时分成为运行图中不可或缺的要素。我们在构建区间运行弧段时同样考虑了起停附加时分的影响。如图 4-4 所示，如果区间运行弧段在区间开始车站连接的是车站停站弧段，则区间运行时分要加上起车附加时分，否则不需要；如果在区间结束车站连接的是车站停站弧段，则区间运行时分要加上停车附加时分，否则不需要。因为车站停站弧段根据停站时分的不同有很多种情况，十分复杂，这里将起停附加时分加入区间运行弧段中可以有效避免这一情况，降低时空网络构建的难度。列车在车站的停站时间要满足最小停站时间和最大停站时间的要求。最小停站时间是乘客上车、下车、换乘，列车清理和整备等作业所需要的最小时间；最大停站时间的设置一方面是为了压缩模型的可行解空间，加快算法的求解效率，另一方面是为了使运行图更加合理。车站停站弧段描述了列车在车站的停站过程，包括了前面提到的最小停站时间，也包括了因为各类安全间隔时间和车站作业等产生的附加等待时间。车站通过弧段描述了列车不停车通过车站的过程，弧段的开始时间和结束时间相同。不同的时空路径最后汇总于虚拟到达节点 τ。这样，从虚拟出发节点 σ 到虚拟到达节点 τ 形成的一条时空路径就对应着列车的一条可行的运行线。

以某条时空路径 p 为例，见图 4-3 中的黑色实线，从 A 车站 $t+2$ 时刻发车，

经过 AB 区间时间长度为纯运行时分加上起停附加时分的运行弧段后，于 $t+$ 5 时刻到达 B 车站并停站 1 min；然后从 B 车站 $t+6$ 时刻发车，经过 BC 区间时间长度为纯运行时分加上起停附加时分的运行弧段后，于 $t+9$ 时刻通过 C 车站……最后，列车到达终点站的时间为 $t+11$。列车运行图问题可以用这种方式转化为离散时空网络流问题。

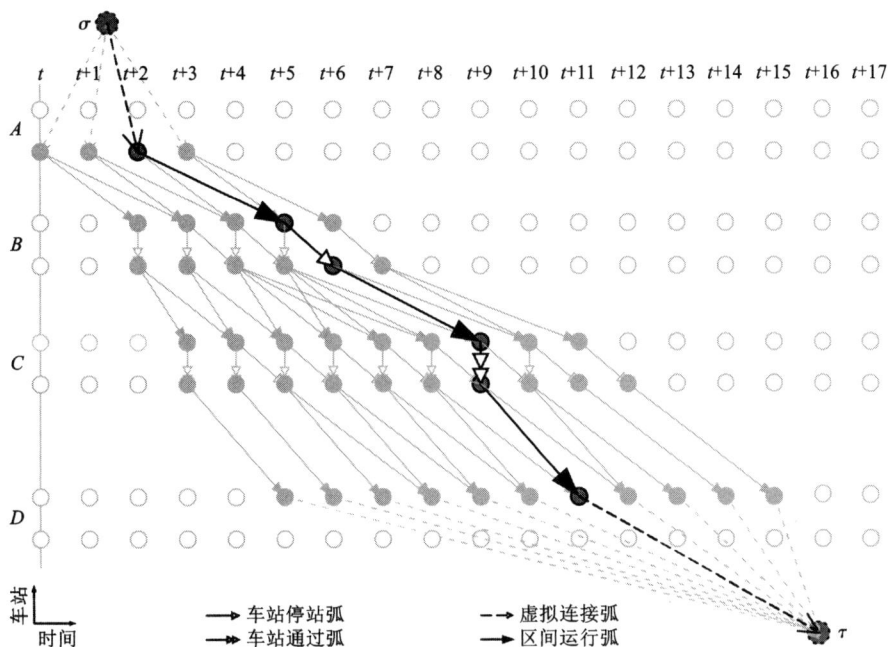

图 4-3 离散时空网络示意图

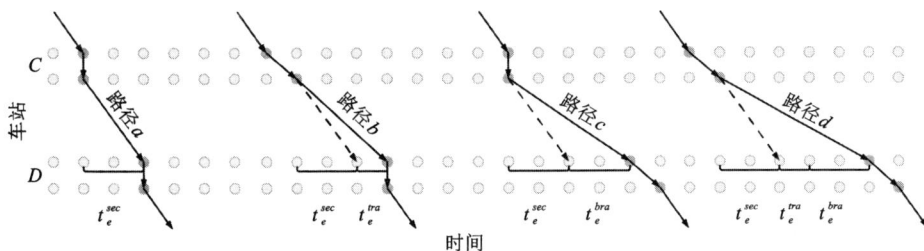

图 4-4 起停附加时分

81

　　与既有线列车运行图给定停站方案不同的是，本章研究的是列车运行图与停站方案一体化编制问题，所以在构建时空网络时需要为列车的途径车站同时生成车站通过弧段、车站停站弧段和附加等待弧段，再加上起停附加时分的影响，导致时空网络中出现了弧段部分连通的情况。图 4-5 是弧段部分连通示意图，图中共有四条时空路径。其中路径 p 在 C 站和 D 站都不停车，所以其 CD 区间的运行弧段时间长度为区间纯运行时分。路径 p' 在 C 站通过、D 站停车，所以其 CD 区间的运行弧段时间长度为区间纯运行时分加上停车附加时分。路径 q 在 C 站停站、D 站通过，所以其 CD 区间的运行弧段时间长度为区间纯运行时分加上起车附加时分。路径 q' 在 C 站和 D 站均停车，所以其 CD 区间的运行弧段时间长度为区间纯运行时分加上起停附加时分。根据以上计算我们可以得出，C 站的车站通过弧段 α 后续只能连接 CD 区间的红色运行弧段，而不能连接蓝色运行弧段。同理，C 站的蓝色车站停站弧段后续只能连接 CD 区间的蓝色运行弧段。

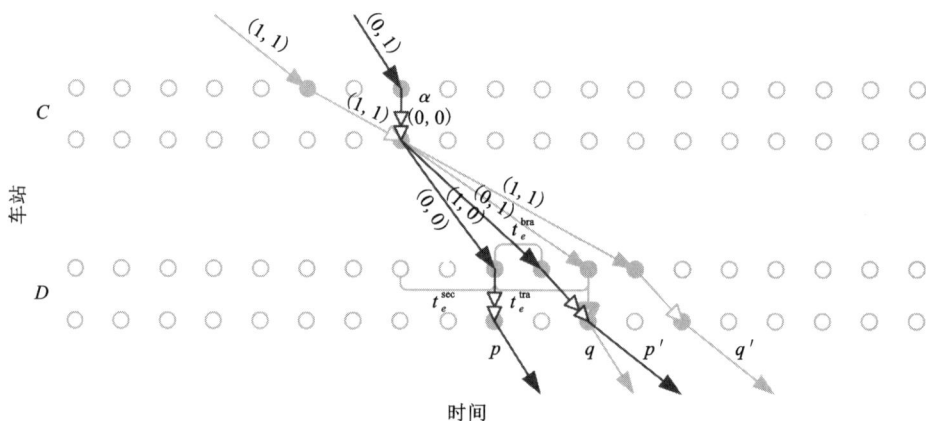

图 4-5　弧段部分连通示意图

　　为了解决这一问题，我们为每个时空弧段附加了连通标签 $(\beta_\alpha^{\mathrm{sto}}, \beta_\alpha^{\mathrm{pst}})$。当时空弧段 α 为区间运行弧段时，$\beta_\alpha^{\mathrm{sto}}$ 表示列车在区间结束车站的停站情况，如果 $\beta_\alpha^{\mathrm{sto}}$ 等于 1 表示停站，否则表示通过；$\beta_\alpha^{\mathrm{pst}}$ 表示列车在区间开始车站的停站情况，如果 $\beta_\alpha^{\mathrm{pst}}$ 等于 1 表示停站，否则表示通过。当时空弧段 α 为车站弧段时，$\beta_\alpha^{\mathrm{sto}}$ 表示列车在当前车站的停站情况，如果 $\beta_\alpha^{\mathrm{sto}}$ 等于 1 表示停站，否则表示通

过；β_α^{pst} 表示列车在前一个相邻车站的停站情况，如果 β_α^{pst} 等于 1 表示停站，否则表示通过。如果时空弧段 α 的 β_α^{sto} 属性和相邻后一个时空弧段 α' 的 $\beta_{\alpha'}^{pst}$ 属性相等，那么这两条相邻时空弧段就是能够连通的。图 4-5 中弧段 α 的连通标签为 $(0, 0)$，$\beta_\alpha^{sto} = 0$，那么在后续弧段中找到 $\beta_{\alpha'}^{pst}$ 为 0 的弧段就是弧段 α 的连通弧段，即路径 p 和路径 p' 在 CD 区间的运行弧段。

4.3 高速铁路列车运行图与停站方案一体化编制模型

此节构建了考虑客流和车站服务需求的列车运行图与停站方案一体化编制模型 M1。

4.3.1 模型假设

（1）列车在区间的运行时分是固定的。

（2）只考虑跨线列车在高速铁路上的运行情况。对于存在跨线接入作业的列车，将衔接站作为其始发车站。与本线始发列车不同的是，还要考虑其在衔接站的跨线接入作业以及相应的安全间隔时间。与此类似，对于存在跨线转出作业的列车，将衔接站作为其终到站，并考虑其在衔接站的跨线转出作业以及相应的安全间隔时间。

4.3.2 符号说明

表 4-1 所示为本章所使用的集合、标识、参数和变量的符号说明。

表 4-1 符号说明

符号	定义	单位
集合		
T	表示运行图的周期。本章中设定基本事件单元为 1 分钟，所以可以表示为 $T = \{0, 1, \cdots, 1440\}$	—

续表4-1

符号	定义	单位
S	表示车站的集合，车站的总数用 n_S 表示	—
N	表示列车的集合，列车的总数用 n_N 表示	—
E	表示区间的集合	
P	表示时空路径的集合	—
P_j	表示列车 j 的时空路径集合	—
A_e^{sec}	表示经过某一区间 e 的运行弧段集合	—
A_i^{sto}	表示车站 i 的停站弧段集合	—
A_i^{dum}	表示车站 i 的虚拟车站弧段集合	—
标识		
t	表示离散时间节点，$t \in T$	min
i, i'	表示某个车站，$i, i' \in S: i \neq i'$	—
j	表示某次列车，$j \in N$	—
e	表示某个区间，$e \in E$	—
p, p'	表示某条时空路径，$p, p' \in P: p \neq p'$	—
σ, τ	表示虚拟出发节点和虚拟到达节点	—
参数		
c_p	表示时空路径的费用	—
$c_p^{\sigma}, c_{\alpha}^{\text{sto}}$	分别表示虚拟出发弧段和车站停站弧段的权重	—
$c_{\alpha}^{\text{num}}, c_{\alpha}^{\text{time}}, c_{\alpha}^{\text{add}}$	分别表示停站次数、停站时间和附加等待时间的惩罚值	—
$c_{\text{pen}}^1, c_{\text{pen}}^3, c_{\text{pen}}^4$	分别表示预定义始发时间的偏离值、列车停站时间和附加等待时间的惩罚系数	$1/\text{min}^{-1}$
c_{pen}^2	表示列车停站次数的惩罚系数	—
td_j^E, td_j^L	分别表示列车 j 预定义的最早始发时间和最晚始发时间	min
td_j	表示列车 j 的预定义始发时间	min
tdr_p	表示路径 p 的实际始发时间	min
δ	表示列车始发时间的允许波动值	min

续表4-1

符号	定义	单位
t_α^{beg}, t_α^{end}	分别表示弧段 α 的开始和结束时间	min
t_i^{min}, t_i^{max}	分别表示规定的列车在车站 i 的最小和最大停站时间	min
t_i^{dep}, t_i^{arr}	分别表示相邻列车从车站 i 出发的安全间隔时间和到达车站 i 的安全间隔时间	min
$o(e)$, $d(e)$	分别表示列车按照运行方向进入和离开区间 e 的车站	—
μ_p^i	0-1 系数，等于 1 表示路径 p 在车站 i 停站，否则表示通过车站	—
$\tau_p^{i,i'}$	0-1 系数，等于 1 表示列车在 OD 去向两端站车站 i 和车站 i' 同时停站，否则等于 0	—
β_α^p	0-1 系数，等于 1 表示路径 p 经过弧段 α，否则等于 0	—
num_i	表示车站 i 的股道数量，要区分上、下行	—
SF_i	表示车站 i 对应节点等级需要满足的服务频率	—
$OD_{i,i'}$	表示为满足乘客从车站 i 上车到车站 i' 下车的运输需求最少要提供的直达列车数量	—
$Q_{i,i'}$	表示根据客票部门统计数据得到的一段时期内从车站 i 上车到车站 i' 下车的平均客流量	人次
ψ_j	表示列车 j 的载客量	人
$\omega_{i,i'}$	表示车站 i 到车站 i' 之间的平均上座率	—
变量		
x_p	0-1 整数变量，等于 1 表示在最优解中选择了路径 p，否则为 0	—

A_i^{dum} 是虚拟车站弧段集合。为方便计算，用虚拟车站弧段代替车站通过弧段和停站弧段，以表示列车在途经车站的作业过程。虚拟车站弧段的开始时间为列车从区间进入车站的时间，结束时间为列车离开车站进入区间的时间。

4.3.3 目标函数

本章以最小化列车预定义始发时间的偏离值、最小化总的停站次数和最小化总的停站时间为优化目标。

①从理论上来说，列车在始发站的发车时间可以是其可行发车时间范围内的任意值，然而在实际计算中一般会为列车制定一个预定义始发时间，统计开行方案中同一去向的列车数量，再根据可行发车时间范围平均分配这些列车，以保证运行图的均衡性。也可以根据时变客流数据在客流高峰期和非高峰期安排不同数量的列车，合理配置动车组资源，满足客流的波动性需求。与此同时，设置合理的预定义始发时间范围可以使模型的可行解空间更紧凑，减少最优解的搜索时间。我们为列车的实际始发时间与预定义始发时间的差值增加惩罚系数 c_{pen}^1，在尽量减小始发时间偏离值的同时也保证了解的多样性。

②列车停站会产生停站时间和起停附加时分，不仅延长了旅客的出行时间，也增加了车站作业的负担，因此减少列车停站次数和停站时间也是我们的优化目标。我们用惩罚值的方式尽量减少但不禁止列车的停站，列车停站次数的惩罚系数用 c_{pen}^2 表示，列车停站时间的惩罚系数用 c_{pen}^3 表示。

③高速铁路上运行的列车具有不同的优先级，列车的优先级可以按照速度、标尺和停站情况进行划分，也可以由开行方案指定。高优先级的列车允许越行低优先级的列车，相同优先级的列车之间一般不越行，低优先级的列车一般不越行高优先级的列车。列车在车站的停站时间除了满足乘客上、下车等作业所需要的基本停站时间外，往往还存在因各类安全间隔时间和车站作业等产生的附加等待时间。我们为列车的附加等待时间增加惩罚系数以尽量减少但不完全禁止列车之间的越行行为。附加等待时间的惩罚系数用 c_{pen}^4 表示。高优先级的列车具有较大的惩罚系数，低优先级的列车具有较小的惩罚系数。

将时空节点的权重转移到相邻时空弧段的权重上，这样时空路径的费用就是所包含的时空弧段权重的总和，其中时空路径的费用由以下几部分组成：

①虚拟出发弧段的权重。我们将预定义始发时间的偏离值作为虚拟出发弧段的权重，如图 4-6 所示。

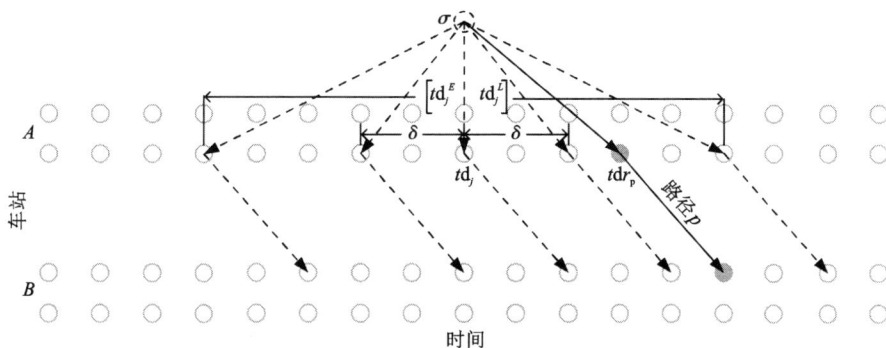

图 4-6　虚拟出发弧段的权重

虚拟出发弧段的权重为：

$$c_p^\sigma = \begin{cases} (\,|tdr_p - td_j| - \delta\,) \cdot c_1^{\mathrm{pen}} & |tdr_p - td_j| > \delta \\ 0 & \text{else} \end{cases}$$

$$\forall j,\, p \in P_j \tag{4-1}$$

式中：td_j 是列车 j 的预定义始发时间；$[td_j - \delta,\ td_j + \delta]$ 是发车时间的允许波动范围，在此范围内的虚拟出发弧段的权重为 0，对于超出此范围的虚拟出发弧段的权重按照惩罚系数 c_{pen}^1/min 计算。

②车站停站弧段的权重。车站停站弧段的权重包括对停站次数的惩罚值、停站时间的惩罚值和附加等待时间的惩罚值：

$$c_\alpha^{\mathrm{sto}} = c_\alpha^{\mathrm{num}} + c_\alpha^{\mathrm{time}} + c_\alpha^{\mathrm{add}}$$

$$\forall i \in S,\ \alpha \in A_i^{\mathrm{sto}} \tag{4-2}$$

停站次数的惩罚值为：

$$c_\alpha^{\mathrm{num}} = c_2^{\mathrm{pen}}$$

$$\forall i \in S,\ \alpha \in A_i^{\mathrm{sto}} \tag{4-3}$$

停站时间的惩罚值为：

$$c_\alpha^{\mathrm{time}} = (t_\alpha^{\mathrm{end}} - t_\alpha^{\mathrm{beg}}) \cdot c_3^{\mathrm{pen}}$$

$$\forall i \in S,\ \alpha \in A_i^{\mathrm{sto}} \tag{4-4}$$

附加等待时间的惩罚值为：

$$c_{\alpha}^{\mathrm{add}} = (t_{\alpha}^{\mathrm{end}} - t_{\alpha}^{\mathrm{beg}} - t_i^{\mathrm{min}}) \cdot c_4^{\mathrm{pen}}$$

$$\forall i \in S, \ \alpha \in A_i^{\mathrm{sto}} \tag{4-5}$$

则车站停站弧段的权重为：

$$c_{\alpha}^{\mathrm{sto}} = c_2^{\mathrm{pen}} + (t_{\alpha}^{\mathrm{end}} - t_{\alpha}^{\mathrm{beg}}) \cdot (c_3^{\mathrm{pen}} + c_4^{\mathrm{pen}}) - t_i^{\mathrm{min}} \cdot c_4^{\mathrm{pen}}$$

$$\forall i \in S, \ \alpha \in A_i^{\mathrm{sto}} \tag{4-6}$$

③区间运行弧段、车站通过弧段和虚拟到达弧段的权重为 0。

因此时空路径的费用为：

$$c_p = c_p^{\sigma} + \sum_{i \in S} \sum_{\alpha \in A_i^{\mathrm{sto}} : \beta_{\alpha}^p = 1} c_{\alpha}^{\mathrm{sto}}$$

$$\forall j, \ p \in P_j \tag{4-7}$$

目标函数表示所有时空路径的费用之和最小：

$$z_1 = \min \sum_{j \in N} \sum_{p \in P_j} \left(c_p^{\sigma} + \sum_{i \in S} \sum_{\alpha \in A_i^{\mathrm{sto}} : \beta_{\alpha}^p = 1} c_{\alpha}^{\mathrm{sto}} \right) \cdot x_p \tag{4-8}$$

4.3.4　约束条件

(1) 网络流约束

$$\sum_{p \in P_j} x_p = 1$$

$$\forall j \tag{4-9}$$

该式表示每趟列车都从时空网络中选择且仅选择一条时空路径。

(2) 到达安全间隔时间约束

$$\sum_{p : \beta_{\alpha}^p = 1} x_p + \sum_{p' : \beta_{\alpha'}^{p'} = 1} x_{p'} \leqslant 1 \ \forall e, \ \forall \alpha, \ \alpha' \in A_e^{\mathrm{sec}} : 0 \leqslant t_{\alpha'}^{\mathrm{end}} - t_{\alpha}^{\mathrm{end}} < t_{d(e)}^{\mathrm{arr}}$$

$$\tag{4-10}$$

该式表示同一方向运行的相邻列车先后到达某一车站的时间要满足到达安全间隔时间的要求。

(3) 出发安全间隔时间约束

$$\sum_{p : \beta_{\alpha}^p = 1} x_p + \sum_{p' : \beta_{\alpha'}^{p'} = 1} x_{p'} \leqslant 1 \ \forall e, \ \forall \alpha, \ \alpha' \in A_e^{\mathrm{sec}} : 0 \leqslant t_{\alpha'}^{\mathrm{beg}} - t_{\alpha}^{\mathrm{beg}} < t_{o(e)}^{\mathrm{dep}}$$

$$\tag{4-11}$$

该式表示同一方向运行的相邻列车先后从某一车站出发的时间要满足出发安全间隔时间的要求。

（4）越行约束

$$\sum_{p:\ \beta_\alpha^p = 1} x_p + \sum_{p':\ \beta_{\alpha'}^{p'} = 1} x_{p'} \leqslant 1 \ \forall e,\ \forall \alpha,\ \alpha' \in A_e^{sec} : (t_{\alpha'}^{beg} - t_\alpha^{beg}) \cdot (t_{\alpha'}^{end} - t_\alpha^{end}) \leqslant 0$$

（4-12）

该式表示禁止同一方向的列车在区间越行。

（5）车站股道约束

$$\sum_{\alpha \in A_i^{dum}:\ t_\alpha^{beg} \leqslant t,\ t_\alpha^{end} \geqslant t}\ \sum_{p:\ \beta_\alpha^p = 1} x_p \leqslant num_i\ \forall i,\ t \tag{4-13}$$

该式表示同一时刻占用车站股道的上、下行列车数量不能超过该站用于接发或通过该方向列车的股道数量。

（6）OD 服务频率约束

$$\sum_{p \in P:\ \tau_p^{i,\ i'} = 1} x_p \geqslant OD_{i,\ i'}\ \forall i,\ i' \tag{4-14}$$

该式表示车站 i 到车站 i' 去向之间提供直达服务的列车数量要满足 OD 服务频率的要求。

（7）节点服务频率约束

$$\sum_{p \in P:\ \mu_p^i = 1} x_p \geqslant SF_i\ \forall i \tag{4-15}$$

该式表示一段时期内在车站停站或始发的列车数量要满足车站对应节点服务频率的要求。

（8）始发时间约束

$$td_j^E \leqslant tdr_p \leqslant td_j^L\ \forall j,\ p \in P_j \tag{4-16}$$

该式表示列车在始发站的发车时间要满足预定义的始发时间范围。

（9）车站停站时间约束

$$t_i^{min} \leqslant t_\alpha^{end} - t_\alpha^{beg} \leqslant t_i^{max}\ \forall i \in S,\ \alpha \in A_i^{sto} \tag{4-17}$$

该式表示列车在车站的停站时间要满足最小停站时间和最大停站时间的要求。

（10）决策变量取值约束

$$x_p \in \{0,\ 1\}\ \forall p \tag{4-18}$$

4.4 高速铁路列车运行图与停站方案一体化编制模型的求解算法

模型 M1 是 0-1 整数线性规划模型，模型的规模主要由列车数量和车站数量决定。在实际的高速铁路线网中，无论是运行的列车数量还是车站数量都比较多，导致应用模型 M1 求解时解空间的数量非常庞大，即大规模的 0-1 整数线性规划问题，基于列生成算法和分支定界算法的分支定价算法可以有效解决这一类问题。本节采用改进分支定价算法对模型 M1 进行求解。

4.4.1 求解线性松弛问题的列生成算法

(1) 限制主问题

模型 M1 为 0-1 整数线性规划模型。其中式(4-16)、式(4-17)用于构建时空网络，因此在限制主问题中不考虑。将式(4-18)的整数决策变量松弛为连续变量，并取解空间集合 P 的一个子集 P^0。

$$0 \leqslant x_p \leqslant 1 \ \forall \ p \in P^0 \subset P \tag{4-19}$$

那么限制主问题可以描述为：

$$\min \sum_{j \in N} \sum_{p \in P_j^0} c_p x_p \tag{4-20}$$

s.t.　　　式(4-9)~式(4-15)，式(4-19)

限制主问题可以用商业计算软件 ILOG CPLEX 进行求解，得到的解和对偶变量可以用于定价子问题的计算。

(2) 定价子问题

求解定价子问题是为了寻找能够使目标函数值下降最大的可行解，即将检验数最小的列，加入限制主问题中。对于时空网络中的任意一条时空路径 p，它的检验数 φ_p 可以表示为：

$$\varphi_p = c_p - \gamma_j - \sum_e \sum_{\alpha \in A_e^{\text{sec}}} \pi_{e,o,\alpha} - \sum_e \sum_{\alpha \in A_e^{\text{sec}}} \beta_{e,d,\alpha} -$$
$$\sum_e \sum_{\alpha \in A_e^{\text{sec}}} \xi_{e,\alpha} - \sum_i \sum_t \lambda_{i,t} - \sum_i \sum_{i'} \eta_{i,i'} - \sum_i \theta_i \tag{4-21}$$

式中：γ_j，$\pi_{e,o,\alpha}$，$\beta_{e,d,\alpha}$，$\xi_{e,\alpha}$，$\lambda_{i,t}$，$\eta_{i,i'}$ 和 θ_i 分别为式(4-9)~式(4-15)的对偶变量，表示对应的时空节点、时空弧段等资源被占用的影子价格。

如果所有时空路径的检验数大于或等于0，即得到线性松弛问题的最优解。如果有的时空路径检验数小于0，那么还需要继续优化。结合时空网络的特点，定价子问题可以转化为一个有资源约束的最短路问题，即利用求解限制主问题得到的对偶值更新时空弧段的权重，以进一步计算时空路径的费用。在时空网络中搜索得到的费用最小的路径即要加入限制主问题中的更新列。

4.4.2　求解受限制动态网络最短路问题的 ASPFA 算法

由式(4-21)可知，时空弧段的权重可能为负值，即时空网络中存在负权边，可以用 Bellman-Ford、SPFA 等经典最短路算法进行求解。然而因为式(4-14)是 OD 服务频率约束，与时空路径上列车在任意两个车站的停站状态有关，从而无法将对偶变量直接更新到某一具体的时空弧段上，只能更新到整条时空路径上。而且由 4.2 节可知，时空网络中存在弧段部分连通的现象，所以本节研究的是受限制的带有负权边的动态有向网络最短路问题。结合前面提出的 ASPFA 算法对上述问题进行求解，为了表述的简洁，我们将 OD 服务频率约束对应的对偶变量简称为 OD 对偶变量。

算法的主要步骤如下：

Step 1：利用求解限制主问题获得的对偶变量更新时空弧段的权重，此时先不考虑 OD 对偶变量。定义集合 $G^{\min}$ 表示计算得到的最短路径集合。$cnt(m)$ 表示节点 m 出优先级队列的次数，$S(m)$ 表示列车在节点 m 之前的停站车站集合。建立状态优先级队列 $(m, g*(m), f*(m))$。令 $G^{\min} = \varnothing$，$j=1$。转 Step 2。

Step 2：将 P_j 中所有的时空弧段反向，得到反向图 $P_{j'}$，且 $\sigma' = \tau$，$\tau' = \sigma$。在不考虑 OD 对偶变量的前提下，利用 SPFA 算法计算 $P_{j'}$ 中 σ' 到任一时空节点 $m' = m$ 的最短路径费用，也可以看作是 P_j 中任一时空节点 m 到 τ 的最短路径临时费用，记为 $h'(m)$。转 Step 3。

Step 3：清空优先级队列中的所有元素。令 $cnt(\sigma) = 0$，$cnt(\tau) = 0$，$S(\sigma) = \varnothing$，$S(\tau) = \varnothing$。加入初始状态 $(\sigma, 0, h*(\sigma))$。转 Step 4。

Step 4：将优先级队列按照 $f*(m)$ 值从小到大的顺序进行排列。从优先级队列中移除首位元素 $(u, g*(u), f*(u))$。$cnt(u) = cnt(u) + 1$。如果 $u =$

τ，$cnt(u) = 1$，那么输出列车 j 的最短路径，转 Step 6；否则转 Step 5。

Step 5：遍历 u 的所有后续相邻节点，根据状态转移函数计算后续节点的状态并加入优先级队列中。令 v 表示节点 u 的任一后续相邻节点，$w[u][v]$ 表示相邻节点组成的时空弧段 (u, v) 的权重，则状态转移函数为：

$$(u, g*(u), f*(u)) \rightarrow (v, g*(u) + w[u][v] + g'(v), g*(u) + w[u][v] + g'(v) + h*(v)) \tag{4-22}$$

$g'(v)$ 是根据 OD 对偶变量计算得到的。如果弧段 (u, v) 是区间运行弧段并且列车在车站 v 停站，那么从 $S(u)$ 中取出任一车站 k 与 v 形成 OD 去向，将对偶值 $\eta_{k, v}$ 加入 $g'(v)$ 中，$S(v) = S(u) + v$；否则 $g'(v) = 0$，$S(v) = S(u)$。然后假设列车在节点 v 之后的所有途经车站都采取停站方式，分别从 $S(v)$ 和节点 v 之后的停站集合中取出一个停站车站组成 OD 去向，将对偶值 $\eta_{i, i'}$ 加入 Step 2 获得的 $h'(v)$ 中，作为节点 v 的最短路径估值费用 $h*(v)$。如果 $cnt(v) > 1$，则计算得到的状态不加入优先级队列。转 Step 4。

Step 6：将列车 j 的最短路径加入 G^{min} 中。$j = j+1$，如果 $j > n$，转 Step 7；否则转 Step 2。

Step 7：将 G^{min} 中的所有列车路径按照费用从小到大的顺序进行排序，取其中费用最小的路径加入限制主问题中。终止计算。

算法最优性的证明。在构建估值函数 $h*(m)$ 时，首先将时空网络图 (G, V) 反向得到 (G', V')，并用 SPFA 算法进行计算，得到 (G, V) 中任一节点 m 到虚拟到达节点 τ 的最短路径临时费用 $h'(m)$。然后假设列车在节点 m 之后的途经车站全部停站，结合 OD 对偶变量和节点 m 之前的停车站集合更新路径的费用，与 $h'(m)$ 一起构成节点 m 的最短路径估值费用 $h*(m)$。由式（4-14）和对偶理论可知 OD 对偶变量一定大于等于 0，根据式（4-21）计算检验数的时候，要对 OD 对偶变量取相反数。再加上实际情况中列车在节点 m 之后不一定全部停站，所以可以保证最短路径估值费用一定小于或等于最短路径实际值，即 $h*(m) \leq h(m)$。同时，按照 4.2 节所述，本节构建的时空网络中每个节点的后续节点数目都是有限的，虽然可能会有弧段部分连通的现象，但是除去虚拟到达弧段和虚拟出发弧段以外的每条弧段都至少有一条前向相邻连通弧段和一条后向相邻连通弧段，保证了至少能够找到一条从起点到终点的有限费用路径。以上几点满足了有限网络可接纳性条件，保证了利用 A* 算法可以得到问题的最短路。

4.4.3　求解整数解的快速分支策略

与 3.4.3 节类似，本节采用快速分支策略进行分支，将线性松弛问题的分数解按照从大到小的顺序进行排列，每次取固定数量的分数解，依次将其对应的路径变量取 1 并作为分支约束条件加入模型中。

4.5　高速铁路列车运行图与停站方案一体化编制案例分析

我们用武广高速铁路的实际数据来验证模型和算法的有效性。算法是部署在 Intel(R) Xeon E3-1220 v2 3.30 GHz 的 CPU，8GB 内存，在 Windows 7 系统的电脑上运行，利用基于 Microsoft Visual Studio 2010 平台的 C#语言和商业计算软件 ILOG Cplex 12.7.1.0 对算法进行编程。

武广高速铁路全长 968 公里，是北京—广州—深圳—香港高速铁路的一部分，又称为京广高速铁路武广段，是我国铁路《中长期铁路网规划》"四纵四横"快速客运网的重要组成部分，自武汉站引出，经湖北咸宁，湖南岳阳、长沙、株洲、衡阳、郴州，广东韶关、清远等市，终到广州南站，沿途总共经过 18 个车站。其中，乌龙泉东站因为是越行站所以不提供客运业务，乐昌东站于 2017 年 5 月份正式开通，在本算例中被当作越行站处理。运行在线路上的是时速 300 公里的 G 字头列车，时速 250 公里的 D 字头列车因为 2016 年 1 月份正式停运所以在算例中不考虑。由于夜间维修天窗设置和轨道试验车，从清晨 6 点半到午夜 12 点是运行图的实际可运行时间。考虑运行图上、下行的对称性以及为了更方便地展示结果，本节我们以下行方向列车为例进行计算。

表 4-2 所示是武广高速铁路经过的车站名称、编号和各个车站的上、下行股道数量。为了表述的简洁，本节后续图、表中都会用车站编号来代表车站。表 4-3 所示是武广高速铁路各个区间的长度以及相应的区间运行时分和启停附加时分数据。

表4-2 武广高速铁路的车站数据

车站名称	编号	股道数量/个		
		下行方向	上行方向	总数
武汉	1	15	15	20
乌龙泉东	2	2	4	4
咸宁北	3	3	6	6
赤壁北	4	2	4	4
岳阳东	5	7	7	7
汨罗东	6	2	4	4
长沙南	7	16	12	16
株洲西	8	4	7	7
衡山西	9	2	4	4
衡阳东	10	8	9	11
耒阳西	11	2	4	4
郴州西	12	6	6	6
乐昌东	13	4	2	4
韶关	14	6	6	6
英德西	15	2	4	4
清远	16	2	4	4
广州北	17	4	4	4
广州南	18	22	22	28

表 4-3　武广高速铁路的区间数据

区间	长度 /km	标尺/min		
		区间运行时分	起车附加时分	停车附加时分
1-2	48	12	2	3
2-3	37	8	2	3
3-4	42	9	2	3
4-5	82	17	2	3
5-6	70	15	2	3
6-7	68	14	2	3
7-8	40	10	2	3
8-9	68	14	2	3
9-10	41	9	2	3
10-11	56	12	2	3
11-12	76	17	2	3
12-13	83	18	2	3
13-14	47	10	2	3
14-15	68	15	2	3
15-16	59	12	2	3
16-17	37	8	2	3
17-18	46	13	2	3

表 4-4 所示是列车的始发站和预定义的最早和最晚发车时间，为了兼顾模型解空间的多样性和问题的求解规模，我们将预定义始发时间范围设定为 1 h。

表4-4 始发站的最早和最晚发车时刻

列车	始发车站	最早发时	最晚发时	列车	始发车站	最早发时	最晚发时	列车	始发车站	最早发时	最晚发时	列车	始发车站	最早发时	最晚发时	列车	始发车站	最早发时	最晚发时
1	1	15:27	16:27	23	7	14:00	15:00	45	1	13:12	14:12	67	1	13:29	14:29	89	7	18:57	19:57
2	1	17:33	18:33	24	1	10:10	11:10	46	1	14:07	15:07	68	1	14:37	15:37	90	7	07:00	08:00
3	1	17:45	18:45	25	1	15:48	16:48	47	1	15:06	16:06	69	1	14:50	15:50	91	7	07:00	08:00
4	1	12:39	13:39	26	1	18:24	19:24	48	1	16:28	17:28	70	1	15:18	16:18	92	7	07:10	08:10
5	1	13:57	14:57	27	1	09:36	10:36	49	1	11:12	12:12	71	1	16:47	17:47	93	7	07:40	08:40
6	1	16:23	17:23	28	1	15:58	16:58	50	1	07:00	08:00	72	1	17:04	18:04	94	7	09:00	10:00
7	1	08:30	09:30	29	1	13:05	14:05	51	1	07:00	08:00	73	1	17:26	18:26	95	7	11:49	12:49
8	1	13:50	14:50	30	1	10:50	11:50	52	1	07:00	08:00	74	1	17:54	18:54	96	7	12:28	13:28
9	1	12:52	13:52	31	1	16:11	17:11	53	1	07:12	08:12	75	1	18:05	19:05	97	7	14:49	15:49
10	1	09:29	10:29	32	1	12:21	13:21	54	1	07:26	08:26	76	1	18:55	19:55	98	7	17:24	18:24
11	1	13:22	14:22	33	1	15:02	16:02	55	1	07:44	08:44	77	1	18:43	19:43	99	7	19:23	20:23
12	1	14:13	15:13	34	1	16:54	17:54	56	1	07:55	08:55	78	1	18:30	19:30	100	7	20:30	21:30
13	1	11:49	12:49	35	1	15:39	16:39	57	1	08:08	09:08	79	1	19:02	20:02	101	7	20:36	21:36
14	1	09:43	10:43	36	1	16:40	17:40	58	1	08:23	09:23	80	7	14:30	15:30	102	7	20:36	21:36
15	1	07:00	08:00	37	1	17:17	18:17	59	1	08:45	09:45	81	7	07:00	08:00	103	7	20:36	21:36
16	1	14:55	15:55	38	1	18:16	19:16	60	1	09:14	10:14	82	7	07:00	08:00	104	5	10:35	11:35
17	1	12:08	13:08	39	1	11:05	12:05	61	1	09:48	10:48	83	7	07:25	08:25	105	5	16:45	17:45
18	1	19:20	20:20	40	1	19:53	20:53	62	1	10:30	11:30	84	7	09:37	10:37	106	1	07:00	08:00
19	1	20:30	21:30	41	1	07:00	08:00	63	1	10:39	11:39	85	7	10:28	11:28	107	7	12:53	13:53
20	1	12:32	13:32	42	1	09:00	10:00	64	1	11:31	12:31	86	7	11:25	12:25				
21	1	12:59	13:59	43	1	10:23	11:23	65	1	11:55	12:55	87	7	15:40	16:40				
22	7	07:00	08:00	44	1	11:38	12:38	66	1	12:14	13:14	88	7	18:35	19:35				

　　表 4-5 所示是武广高速铁路下行方向的 OD 服务频率数据，这些数据是通过客票部门统计的日均客流量换算得出的。乌龙泉东站和乐昌东站因为在本节算例中被设定为越行站从而不会产生列车停站，所以没有在表中显示。

表 4-5　下行方向的 OD 服务频率数据

车站	1	3	4	5	6	7	8	9	10	11	12	14	15	16	17	18
1	—	14	11	18	9	36	14	7	17	8	21	20	5	6	10	32
3		—	4	7	4	14	7	2	9	3	10	9	3	3	4	12
4			—	4	5	11	6	2	7	4	7	7	2	3	4	10
5				—	4	18	7	5	9	4	13	11	5	5	6	16
6					—	8	3	3	3	3	7	7	2	2	3	9
7						—	16	14	21	13	28	28	7	9	14	43
8							—	2	9	8	11	13	4	5	7	16
9								—	3	7	9	12	4	5	3	14
10									—	5	16	12	7	7	8	21
11										—	4	12	4	4	5	13
12											—	16	7	8	10	28
14												—	4	6	7	28
15													—	2	2	7
16														—	2	9
17															—	14
18																—

　　表 4-6 所示是武广高速铁路的节点服务频率数据。我们将武广高速铁路上的车站分成了三个等级的节点，并为每个等级的节点设计了相应的服务频率。

表 4-6　节点服务频率数据

车站等级	车站									服务频率/次
1	7	18	1	12						60
2	14	10	5	3	8					30
3	9	11	4	6	16	15	17	2	13	14

本节算例中参数 n_S、n_N、δ、ε、c_{pen}^1、c_{pen}^2、c_{pen}^3 和 c_{pen}^4 分别设置为 18 min、107 min、12 min、0.005 min、1.5 min、1.5 min、1.2 min 和 0.5 min。列车在任一车站的最小和最大停站时间分别设置为 2 min 和 7 min，各个区间的追踪安全间隔时间设置为 3 min，车站的出发安全间隔时间和到达安全间隔时间分别设置为 2 min 和 3 min。

基于以上给出的数据和参数，我们用改进的分支定价算法求解了模型 M1。为了平衡算法的求解效率和精确度，我们提出了算法终止数学式［式(4-23)］。当原问题的上界解和下界解的差值在允许的范围内即认为算法得到了全局近似最优解。

$$(UB-LB)/UB \leqslant \varepsilon \tag{4-23}$$

式中：UB 为目标问题的上界值；LB 为目标问题的下界值；ε 为迭代结果判定阈值。

我们测试了 30 组算例，得到的平均计算时间是 30 min。然后我们又结合第 5 章提出的算法加速策略，在同样的算例条件下测算得到平均计算时间为 199 s，算法的运算效率提高了 8 倍。具体的算法加速策略问题将在第 5 章进行介绍。

图 4-7 和图 4-8 所示是利用列生成算法求解根节点线性松弛问题的过程中，总体的目标函数值和其中的平均停站时间、平均停站次数随求解时间的变化情况。如图 4-7 所示，横轴代表求解时间，纵轴代表模型总的目标函数值，图中蓝色的曲线代表目标函数值的变化情况，红色的曲线代表趋势线的变化情况。目标函数值随着求解时间的增长逐渐下降，最后成功收敛。从图中我们可以看到，在求解的初期，目标函数值随时间快速降低。但是在趋于收敛的过程中，目标函数值下降的速度越来越慢，红色的曲线也很好地表现了这一点。这也是列生成算法的一种主要缺点，称为易退化现象。

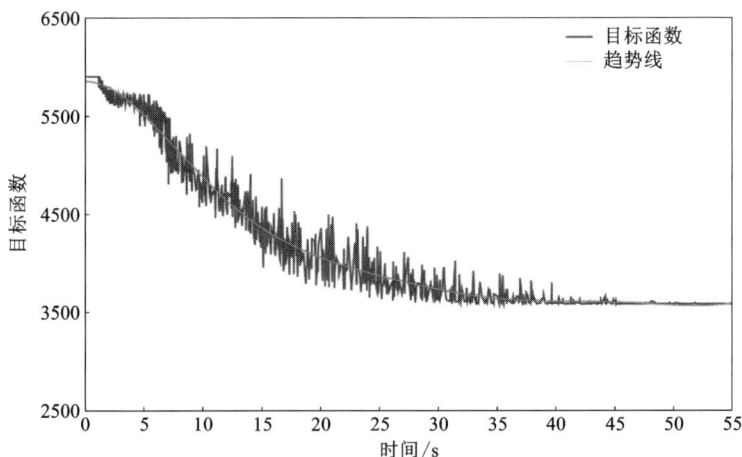

图 4-7　根节点目标函数值随计算时间的变化情况

图 4-8 所示表示列车的平均停站时间和平均停站次数均随着求解时间的增长逐渐下降，最后都能够成功收敛。其中横轴代表求解时间，左侧的纵轴代表平均停站时间，右侧的纵轴代表平均停站次数，图中下方的曲线代表平均停站时间的变化情况，上方的曲线代表平均停站次数的变化情况。

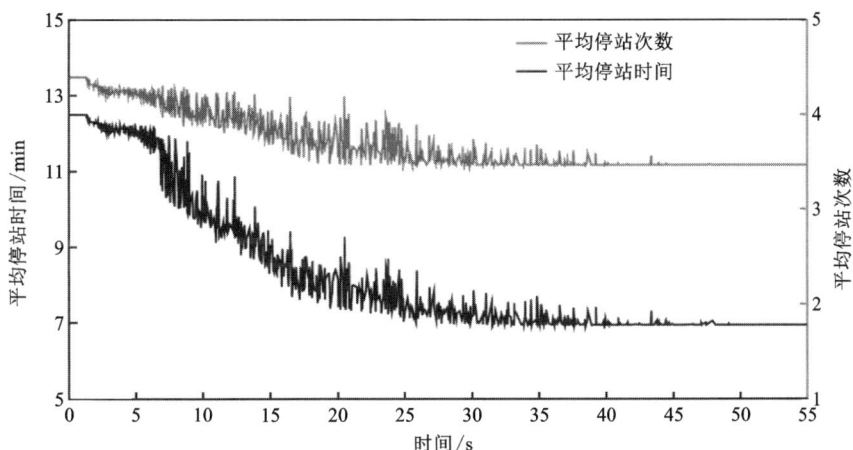

图 4-8　根节点的参数随计算时间的变化情况

如图 4-9 所示是预定义的始发列车数量与实际的始发列车数量的对比情况。横轴表示时间,纵轴表示始发列车的数量,图中斜线的柱形图表示各个时间段内预定义的始发列车数量,网格的柱形图表示各个时间段内实际的始发列车数量。从图中可以看出,大部分列车的实际始发时间都在预定义的始发时间范围内。

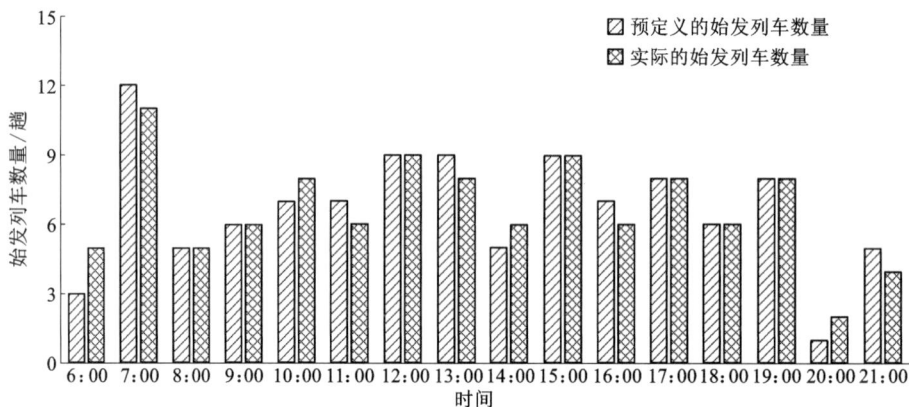

图 4-9 预定义和实际的每个小时始发列车数量

表 4-7 从平均旅行速度、平均停站次数和平均停站时间等角度对比了实际的运行图数据和最优的运行图数据之间的不同。其中 Gap 值按式(4-24)进行计算。

$$Gap = (UB-LB)/UB \times 100\% \tag{4-24}$$

实际数据来自 2016 年 2 月份的武广高速铁路列车运行图,下行方向运行 107 趟列车,列车在车站的最小停站时间为 2 min,最大停站时间为 28 min,每个列车的平均停站时间为 12 分 30 秒,平均停站次数为 4.4 次,平均旅行速度为 223.4 km/h。优化后的运行图平均停站时间为 7.1 min,平均停站次数为 3.5 次,与实际运行图相比分别降低了 43.2% 和 20.5%,总的列车定义费用也降低了 38.2%,达到了预期的优化目标。我们在优化运行图的过程中结合 OD 服务频率和节点服务频率重新为各趟列车设计了更为合理的停站方案,优化后的运行图中列车间越行次数从 40 次降低为了 0 次,最大停站时间降低了 78.6%,这样不仅有效地减轻了车站作业的负担,也提高了车站设备的通过能力。这些结果证明了提出的模型和算法能够有效改善运行图的质量，提高旅客的出行效率。

表 4-7　优化后的列车运行图与实际列车运行图的对比分析

参数	实际数据	优化后的数据	改变值	百分比/%
列车数量	107	107	0	0
平均旅行速度/(km·h^{-1})	223.4	234.1	10.7	4.8
平均停站次数	4.4	3.5	−0.9	−20.5
平均停站时间/min	12.5	7.1	−5.4	−43.2
越行次数	40	0	−40	−100
最大停站时间/min	28	6	−22	−78.6
总的列车定义费用	5902.5	3645.7	−2256.8	−38.2
平均列车定义费用	55.2	34.1	−21.1	−38.2
上界值	—	3645.7	—	—
下界值	—	3576	—	—
计算时间/s	—	199.0	—	—
Gap	—	1.9%	—	—

图 4-10 所示是优化后的列车运行图。

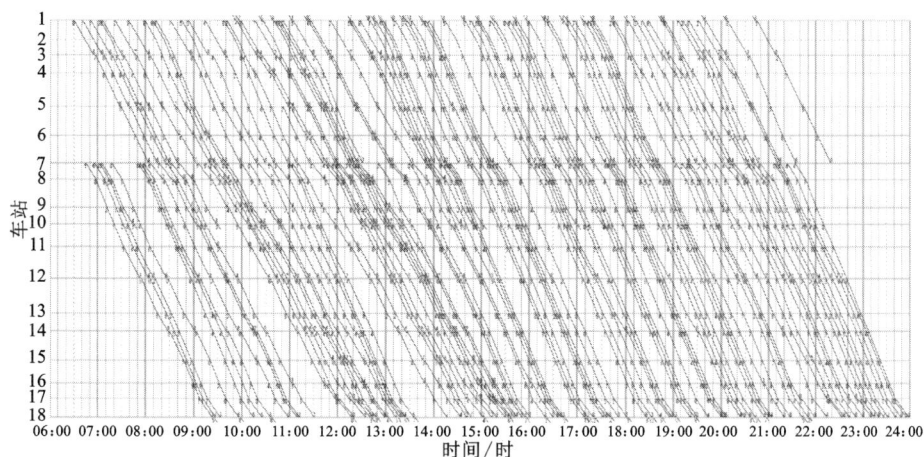

图 4-10　优化后的列车运行图

第 5 章 高速铁路列车运行图一体化编制的快速求解策略

前两章利用改进的分支定价算法对模型进行了求解，并选取实际的高速铁路线路作为算例验证了模型和算法的有效性。其中，第 3 章高速铁路列车运行图与车站作业一体化编制求解的速度较快，在没有使用加速策略的情况下，算法的计算效率也在可接受的范围内；第 4 章高速铁路列车运行图与停站方案一体化编制因 OD 服务频率约束的存在，使得算法中的定价子问题求解变成了受限制的动态网络最短路问题，给求解带来了困难。经过武广高速铁路的实例验证，算法求解平均计算时间在 30min 左右。因此，本章主要针对改进分支定价算法存在的收敛速度慢、易退化、子问题求解耗时、整数求解困难等一系列问题进行讨论。

5.1 高速铁路列车运行图一体化编制算法的加速策略

针对分支定价算法存在的易退化、定价子问题求解耗时、整数求解困难等问题，本节分别从预处理阶段、限制主问题求解阶段、定价子问题求解阶段、分支阶段和后处理阶段提出了相应的加速策略，具体包括 9 种加速策略，即消弧段策略、列池管理策略、初始解迭代策略、部分定价策略、多路径策略、延迟约束策略、提前分支策略、列替换策略、邻域搜索策略。

5.1.1　预处理阶段

预处理阶段的加速策略为消弧段策略，主要根据列车服务计划和实际情况消弧段，在构建时空网络时根据开行方案、运行图要素和实际情况消除冗余弧段，可以有效地降低网络的规模，以减少定价子问题求解阶段寻找最短路径时的搜索时间。如图 5-1 所示，时空网络中每个时空节点都可以连接很多弧段，包括区间运行弧段 1、3、5、6、9、13、14，车站通过弧段 2、10 和车站停站弧段 7、8、11、12，其中真正符合要求的弧段为 1、2、9、12。弧段 3 和 6 不符合区间运行时分的计算结果，弧段 4 不符合列车的运行方向，弧段 5、8 不符合时间的递增方向，弧段 13 和 14 因时空弧段只能连接在空间上相邻的时空节点而不符合，弧段 7 因弧段 1 选择在车站 S_3 通过而不应该连接停站弧段，所以不符合。同理弧段 10 因弧段 9 在车站 S_3 通过而不符合，弧段 11 不符合车站的最小停站时间标准。通过消弧段策略可以有效地消除冗余弧段，使得列车可行路径的搜索空间是可控的。

5.1.2　限制主问题求解阶段

（1）列池管理策略

随着迭代次数的增加，限制主问题求解规模将会变得越来越大，求解时间也会延长。为了解决这个问题，我们提出了列池管理策略。当限制主问题中路径的数量超过最大规定路径数量 n_{CPM} 时，我们将会按照一定的规则移除那些表现不好的路径，比如检验数超过一定数值、路径在本次迭代中的解最小或者路径在最近几次迭代中解的平均值最小等。测算结果表明，根据路径在最近几次迭代中解的平均值来判断是否需要移出限制主问题是更好的方法。但是路径解的平均值随着迭代的进行会不断发生变化，一些之前表现不好的路径很可能会在某一次迭代后变成表现好的路径，单纯地将路径从限制主问题中移除并不是一个很好的方法。所以我们设计了一个"列池"专门用于存储被移除的路径。每当求解限制主问题获得对偶变量时，首先根据对偶变量值计算"列池"中的路径并将满足要求的路径从"列池"中取出，放回到限制主问题中，然后再进行定价子问题的计算。为了防止"列池"中路径的数量过多，我们还设置了一个回收

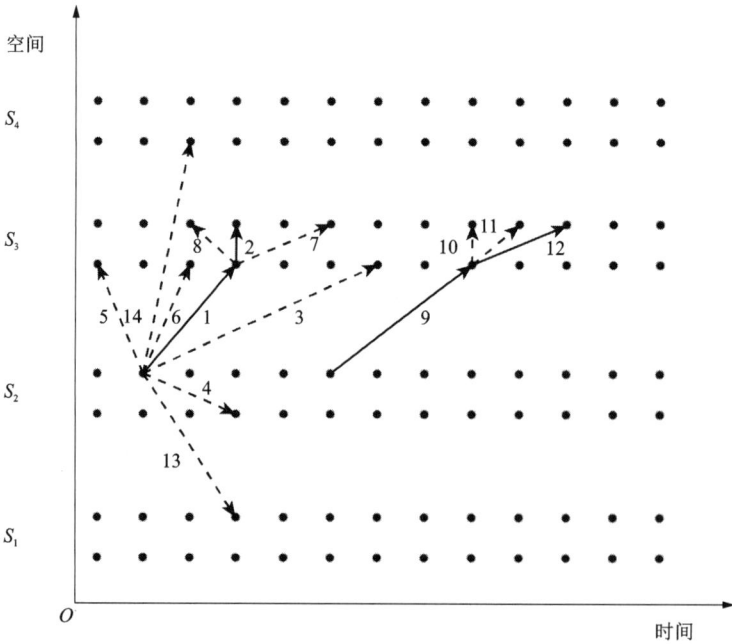

图 5-1　消除冗余弧段

机制，即当"列池"中路径的数量达到一定规模时，将其中解的平均值最小的路径移出。

（2）初始解迭代策略

初始解迭代策略是将求解过程中得到的优于当前上界值且满足一定规则的整数解作为新的初始可行解，从根节点开始重新进行整个算法的运算。这种方法既提高了算法的运行效率，又能通过不断的迭代减轻模型对初始解的依赖。实际计算中，在获得更好的整数解 I_0 后，要与当前问题的上界值 UB、下界值 LB 进行比较，满足式（5-1）的要求才可以进行初始解迭代，以避免频繁求解根节点导致的线性松弛问题消耗过多的时间。

$$\frac{UB-I_0}{UB-LB} \geq \vartheta_{IIs} \tag{5-1}$$

式中：UB 为目标问题的上界值；LB 为目标问题的下界值；I_0 为求解得到的整数解；ϑ_{IIs} 为所求整数解合理性判定阈值。

5.1.3　定价子问题求解阶段

（1）部分定价策略

传统的列生成算法每次求解定价子问题时都会依次计算所有的子问题，并将检验数最小的路径加入限制主问题中。这样做的好处是每次迭代都可以产生对目标函数值改变最大的路径，但是所有的子问题都使用相同的对偶变量也会导致产生的路径趋向于覆盖相同的弧段。如果子问题的求解较为复杂还会导致计算时间的延长。

一种可行的方法是每次求解定价子问题时只计算固定数量 $m(m<n_N)$ 的子问题。在开始计算前，将所有的子问题进行编号，每次求解定价子问题时按照编号顺序计算 m 个子问题，并且将产生的所有满足检验数要求的路径都加入限制主问题中。下一次迭代从上一次迭代的末尾开始，继续计算剩下的子问题。如果计算 m 个子问题后仍然没有找到满足要求的路径，则继续计算剩下的子问题直到产生一个满足要求的路径为止。这种方法虽然导致了迭代次数的增加，但是每次迭代计算的时间也会相应减少。

（2）多路径策略

其实列生成算法每次计算时并不一定要求加入检验数最小的路径，只要路径的检验数小于 0 就可以对目标函数进行改善。基于这个原则，我们提出了多路径策略，就是在每次迭代时加入多个检验小于 0 的路径，相关专家利用实验证明了多路径策略的实效性。不过需要注意的是，每次迭代加入的路径数量并不是越多越好，因为加入的路径过多会导致限制主问题规模的扩大，增加求解的难度。

（3）延时约束策略

通过实际的计算我们不难发现，将定价子问题求解得到的路径加入限制主问题中有时候并不能起到理想的改善目标函数的作用。直观的原因是新加入的路径变量取值较小甚至为 0。造成这一现象的原因主要是新加入的路径与限制主问题中的路径发生了冲突。图 5-2 描述了这一问题，假设限制主问题中仅存在路径 p_1 和 p_2 且仅考虑安全发车间隔时间约束，则两条路径之间不存在冲突。那么两条路径关于安全发车间隔时间约束的对偶变量值均为 0，所以在求解定价子问题时，时空网络中在车站 S_2 的 $(t_{p_1, e}^{dep}, t_{p_1, e}^{dep} + t_e^{dep})$ 的弧段不受路径 p_1 的影响。图中的路径 p_q 包含了经过这一时间范围的弧段，并且路径 p_1、p_2 在 S_2 站的发车间隔时间均小于安全间隔时间 t_e^{dep}。假设它是定价子问题求解得到的加入限制主问题中的路径，那么在求解限制主问题时，路径 p_q 要满足约束 $x_{p_1} + x_{p_q}$ $\leqslant 1$ 和 $x_{p_q} + x_{p_2} \leqslant 1$，这样就可能导致路径 p_q 的值小于 1 甚至为 0，使得新加入的路径没有起到理想的减少目标函数值的作用。这种情况我们称之为延时约束现象，即当前约束的影响有可能会在下一次迭代中显现。为了解决延时约束问题，本节为时空弧段附加了延时权重属性。在定价子问题更新时空网络的过程中，可以利用路径变量在最近几次迭代中解的平均值来更新相应弧段的延时权重。

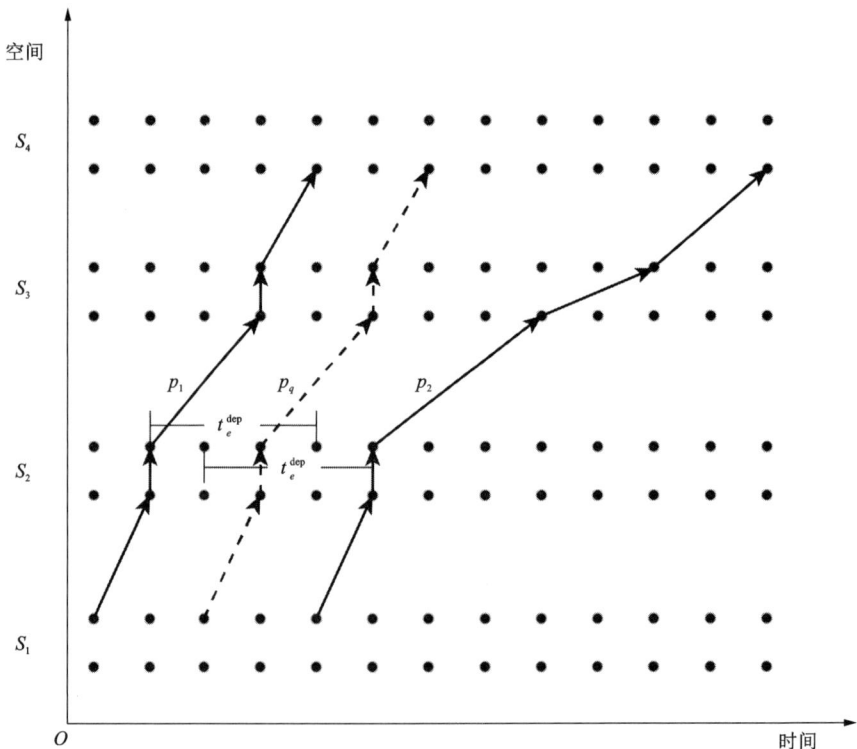

图 5-2 延时约束

5.1.4　分支阶段

（1）提前分支策略

列生成算法在迭代的初期目标函数值改变较大，收敛速度较快；但是在迭代的末期，目标函数随着迭代次数的增加改变的幅度较小，收敛速度变慢。这种现象被称为易退化现象，并且它出现在整个分支定界树各个节点的求解过程中，严重影响了问题的求解效率，这也是列生成算法的一个显著缺点。

目前常采用的方法是提前分支策略，即在一定迭代次数 n_{EBS} 内目标函数改变的值不超过一个规定值 v_{EBS} ，就提前结束当前的迭代过程，直接启动分支策略。虽然算法在当前分支节点没有成功收敛，但实验表明该方法可以在后续的分支计算过程中达到收敛，且可以有效规避列生成算法的易退化现象。记 v_r 表示当前迭代的目标函数值，式（5-2）可以用来判断是否需要启动提前分支策略。

$$\frac{v_{r-n_{EBS}+1}-v_r}{v_{r-n_{EBS}+1}}<v_{EBS} \tag{5-2}$$

式中：v_r 为迭代次数为 r 时的目标函数值；n_{EBS} 为迭代次数；v_{EBS} 为是否需要启动提前分支策略的判断阈值；$v_{r-n_{EBS}}$ 为迭代次数为 $r-n_{EBS}$ 时的目标函数值。

（2）列替换策略

列替换策略常用于分支过程。每次分支时，算法会根据规则指定某趟列车 j 在该分支及后续分支中固定选择某条路径 $p\in P_j$ ，即 $x_p=1$ 。那么时空网络中所有与该路径冲突的弧段的权重值都设为 $+\infty$ ，所有经过这些弧段的路径的费用也都为 $+\infty$ ，在计算最短路问题时可以直接忽略这些弧段和路径，有利于缩减问题的规模。但是限制主问题中与分支路径产生冲突的路径也要移除，这就可能导致限制主问题没有可行解即所在分支被剪枝，从而影响分支树的平衡。

如果发生这种情况，我们可以采取列替换策略，即按照规则在时空网络中寻找与冲突路径属于同一列车的可行路径加入限制主问题中，替换冲突路径。选择可行路径时，可以采取移动与分支约束发生冲突的具体弧段的方法，也可以采取平移整条路径的方式在可行范围内找到与分支约束没有冲突的路径，最后替换冲突路径加入限制主问题中即可。

5.1.5 后处理阶段

通过上面延时约束的介绍，我们知道了通过定价子问题求得的最短路径加入限制主问题后有可能达不到理想的减少目标函数值的效果，这无疑会增加迭代次数，并且使限制主问题中加入更多的列，为问题的求解增加困难。为了解决这一问题，我们提出了一种后处理策略。当定价子问题获得一条最短路径后，我们首先在时空网络中搜索与其检验数相同的路径加入备选集中；然后结合弧段的延时权重属性，在备选集中将路径按照延时权重之和从小到大的顺序进行排序，再根据需要从队首选择相应数量的路径加入限制主问题中。

高速铁路列车运行图作为高速铁路系统的重要技术文件，有展示全国范围内列车到达、出发、通行、会让关系的作用，是协调铁路运载力和旅客需求的重要手段。列车运行图编制问题可以概括为：给定列车开行方案，在满足各类作业时间标准的前提下，以运输企业效益最大化或者旅客出行成本最小等为优化目标，安排各次列车在区间的运行时间以及在各车站的到发或通过时刻。

5.2 高速铁路列车运行图一体化编制算例分析与求解

京沪高速铁路于 2008 年 4 月 18 日正式开工，于 2011 年 6 月 30 日正式通车。京沪高速铁路全长 1318 公里，是《中长期铁路网规划》中"八纵八横"高速铁路主通道之一，自北京南(高速场)引出，经廊坊，天津南、沧州西、德州东、济南西、泰安、曲阜东、滕州东、枣庄、徐州东、宿州东、蚌埠南、定远、滁州、南京南(京沪场)、镇江南、丹阳北、常州北、无锡东、苏州北、昆山南，终到上海虹桥(高速场)，沿途总共经过 23 个车站和 6 个线路所。目前运行在线路上的有时速 350 公里的 G 字头列车和 250 km 的 D 字头列车。由于夜间维修天窗设置和轨道试验车，运行图的实际可运行时间为清晨 6 点半到午夜 12 点。

我们用京沪高速铁路的实际下行方向的数据来验证分支定价算法加速策略的有效性。算法是部署在 AMD 2400 G 3.60 GHz 的 CPU，16 GB 内存，在

Windows 10 系统的电脑上运行，利用基于 Microsoft Visual Studio 2010 平台的 C 语言和商业计算软件 ILOG Cplex 12.7.1.0 对算法进行编程。

5.2.1　符号说明

表 5-1 为算例分析中所使用的集合、标识、参数和变量的符号说明。

表 5-1　符号说明

符号	定义
集合	
T	表示运行图的周期。本节中设定基本事件单元为 1 分钟，所以可以表示为 $T = \{0, 1, \cdots, 1440\}$
S	表示车站的集合，车站的总数用 n_S 表示
N	表示列车的集合，列车的总数用 n_N 表示
E	表示区间的集合
P	表示时空路径的集合
P_j	表示列车 j 的时空路径集合
P_e	表示所有经过区间 e 的时空路径集合
标识	
t	表示离散时间节点，$t \in T / \min$
i, i'	表示某个车站，$i, i' \in S$：$i \neq i'$
j	表示某次列车，$j \in N$
e	表示某个区间，$e \in E$
p, p'	表示某条时空路径，$p, p' \in P$：$p \neq p'$
参数	
c_p^1, c_p^2	分别表示模型 M1 和模型 M2 目标函数的系数
$c_p, c_p^\sigma, c_\alpha^{\text{sto}}$	分别表示时空路径、虚拟出发弧段和车站停站弧段的成本
$t_{p,e}^{\text{dep}}, t_{p,e}^{\text{arr}}$	分别表示列车进入和离开区间 e 的时刻/min

续表5-1

符号	定义
t_e^{dep}，t_e^{arr}	分别表示区间 e 的安全发车间隔时间和安全到达间隔时间/min
$t_{p,i}^{beg}$，$t_{p,i}^{end}$	分别表示路径 p 进入和离开车站 i 的时刻/min
t_i^{min}，t_i^{max}	分别表示规定的列车在车站 i 的最小和最大停站时间
num_i	表示车站 i 的股道数量，要区分上、下行
μ_p^i	0-1系数，等于1表示路径 p 在车站 i 停站，否则表示通过车站
$\tau_p^{i,i'}$	0-1系数，等于1表示列车在OD去向两端站车站 i 和车站 i' 同时停站，否则等于0。$\tau_p^{i,i'} = \mu_p^i \cdot \mu_p^{i'}$
c_{pen}^1	停站次数的惩罚系数/(1·次$^{-1}$)
c_{pen}^2	停站时间的惩罚系数/(1·min^{-1})
$OD_{i,i'}$	表示为满足乘客从车站 i 上车到车站 i' 下车的运输需求最少要提供的直达列车数量
$Q_{i,i'}$	表示根据客票部门统计数据得到的一段时期内从车站 i 上车到车站 i' 下车的平均客流量/人次
ψ_j	表示列车 j 的载客量/人
$\omega_{i,i'}$	表示车站 i 到车站 i' 之间的平均上座率

5.2.2　算法模型构建

以0-1决策变量 x_p（$\forall p \in P_j$）表示时空路径 p 是否被列车 j 选用，建立基于客流服务需求的高速铁路列车运行图优化模型 M1：

$$z_1 = \min \sum_{p \in P} x_p c_p^1 = \min \sum_{p \in P} \sum_{i:\ \mu_p^i = 1} x_p \left[c_{pen}^1 + c_{pen}^2 \cdot (t_{p,i}^{end} - t_{p,i}^{beg}) \right] \tag{5-3}$$

$$\mathrm{s.\,t.} \quad \sum_{p \in P_j} x_p = 1 \ \forall j \tag{5-4}$$

$$x_p + x_{p'} \leq 1 \ \forall e \in E,\ \forall p,\ p' \in P_e:\ 0 \leq t_{p',e}^{dep} - t_{p,e}^{dep} < t_e^{dep} \tag{5-5}$$

$$x_p + x_{p'} \leq 1 \ \forall e \in E,\ \forall p,\ p' \in P_e:\ 0 \leq t_{p',e}^{arr} - t_{p,e}^{arr} < t_e^{arr} \tag{5-6}$$

$$x_p + x_{p'} \leq 1 \ \forall e \in E, \ \forall p, \ p' \in P_e : (t_{p',e}^{\mathrm{dep}} - t_{p,e}^{\mathrm{dep}})(t_{p',e}^{\mathrm{arr}} - t_{p,e}^{\mathrm{arr}}) \leq 0 \qquad (5\text{-}7)$$

$$\sum_{p:\, t_{p,i}^{\mathrm{beg}} \leq t, \, t_{p,i}^{\mathrm{end}} \geq t} x_p \leq num_i \ \forall i, \ t \qquad (5\text{-}8)$$

$$\sum_{p:\, \tau_p^{i,i'} = 1} x_p \geq OD_{i,i'} \ \forall i, \ i' \qquad (5\text{-}9)$$

$$OD_{i,i'} = \frac{Q_{i,i'}}{\psi_j \cdot \omega_{i,i'}} \ \forall i, \ i' \qquad (5\text{-}10)$$

$$t_i^{\min} \leq t_{p,i}^{\mathrm{end}} - t_{p,i}^{\mathrm{beg}} \leq t_i^{\max} \ \forall i \in S, \ p \in P : \mu_p^i = 1 \qquad (5\text{-}11)$$

$$x_p \in \{0, 1\} \ \forall p \qquad (5\text{-}12)$$

目标函数式(5-3)表示列车运行图的总的停站次数和总的停站时间最小。约束条件式(5-4)表示每辆列车都在时空网络中选择且只能选择一条路径。约束条件式(5-5)表示同向相邻列车在同一区间的出发时间应该满足安全发车间隔时间的要求。约束条件式(5-6)表示同向相邻列车在同一区间的到达时间应该满足安全到达间隔时间的要求。约束条件式(5-7)表示同向列车不允许在区间交叉,列车的越行只能在车站进行。约束条件式(5-8)表示同一时刻在同一车站停站或通过的列车数量不能超过车站的可用股道数量,在计算时要区分上、下行。约束条件式(5-9)表示每个 OD 去向服务的列车数量应该满足开行方案给出的 OD 服务频率要求。约束条件式(5-10)是 OD 服务频率与 OD 客流量的换算关系。约束条件式(5-11)表示列车在停车站的停站时间要满足最小和最大停站时间的要求。约束条件式(5-12)为决策变量取值约束。

用式式(5-13)替换模型 M1 的目标函数,并将约束条件式(5-4)松弛为式式(5-14)。则高速铁路列车运行图的最大化通过能力模型 M2 如下:

$$z_2 = \max \sum_{p \in P} x_p c_p^2 \qquad (5\text{-}13)$$

$$\mathrm{s.t.} \quad \sum_{p \in P_j} x_p \leq 1 \ \forall j \qquad (5\text{-}14)$$

目标函数式(5-13)表示最大化运行图中铺画的列车运行线数量。约束条件式(5-14)表示为符合约束条件的列车安排且仅安排一条时空路径,不符合约束条件的列车不安排时空路径。

5.2.3 算法设计

模型 M1 和模型 M2 均是 0-1 整数线性规划模型，我们利用离散时空网络将其转换成网络流模型，时空网络中的每一条可行路径都对应着运行图中的一条列车运行线。问题的规模主要由列车数量和车站数量决定，对高速铁路运输主通道而言是大规模的 0-1 整数线性规划问题。我们用改进的分支定价算法求解上述问题。

我们将整数决策变量 $x_p = \{0, 1\}$ 松弛为连续变量 $0 \leqslant x_p \leqslant 1$，同时取路径集合 P 的一个子集 $P_0 \subset P$ 作为研究对象构成限制主问题。其中式 (5-11) 是用来构建时空网络的，所以在这里不考虑。限制主问题可以用商业计算软件 ILOG CPLEX 求解，得到的解和对偶变量可以用于定价子问题的计算。

定义 γ_j、$\beta_{e,p,p'}$、$\varphi_{e,p,p'}$、$\eta_{e,p,p'}$、$\lambda_{i,i'}$ 和 $\theta_{i,i'}$ 分别为式 (5-4) ~ 式 (5-9) 的对偶变量。对于模型 M1 和模型 M2 来说，时空网络上任一路径 $p \in P_j$ 的检验数计算式如下：

$$\xi_p^{1,2} = c_p^{1,2} - \gamma_j - \sum_{e \in E} \sum_{p \in P_e} \sum_{p' \in P_e} \delta_{e,p,p'} - \sum_{e \in E} \sum_{p \in P_e} \sum_{p' \in P_e} \varphi_{e,p,p'} -$$
$$\sum_{e \in E} \sum_{p \in P_e} \sum_{p' \in P_e} \eta_{e,p,p'} - \sum_{i \in S} \sum_{t \in T} \lambda_{i,t} - \sum_{i \in S} \sum_{i \in S'} \theta_{i,i'} \qquad (5-15)$$

式中：$\xi_p^{1,2}$ 为时空网络上对应路径的检验数；$c_p^{1,2}$ 为模型 M1 与模型 M2 目标函数的系数。

将原问题按照列车数量转换为相应的子问题，则定价子问题就是利用求解限制主问题得到的对偶变量更新时空弧段的权重，然后寻找其中的最短(检验数最小)路径。如式 (5-16) 所示，将检验数小于 0 且最小的路径 $\xi^{\min}$ 作为新列加入限制主问题中继续进行迭代计算。如果在某次迭代中找不到检验数小于 0 的路径，则问题得到最优解。

$$\xi^{\min} = \mathrm{argmin}\{\xi_p | \xi_p < 0, \ p \in P - P_0\} \qquad (5-16)$$

式中：ξ_p 为时空网络上对应路径 p 检验数。

5.2.4 算例分析

京沪高速铁路下行方向的 OD 服务频率数据见附录。参数 t_e^{dep}、t_e^{arr}、t^{min}、

t^{max}、$c_{pen}^{1,G}$、$c_{pen}^{2,G}$、$c_{pen}^{1,D}$、$c_{pen}^{2,D}$、ε、n_{CPM}、ϑ_{IIS}、n_{EBS} 和 ϑ_{EBS} 分别设置为 2 min、3 min、2 min、8 min、2、2、1、1、0.18、10、0.33、12 和 0.05。区间追踪安全间隔时间为 3 min，车站的出发安全间隔时间和到达安全间隔时间分别为 2 min 和 3 min。

如图 5-3 和图 5-4 所示，在利用列生成算法求解根节点线性松弛问题的过程中，模型 M1 和 M2 总体的目标函数值都能随着求解时间的增长在初期快速变化（下降或升高），并在后期成功收敛。

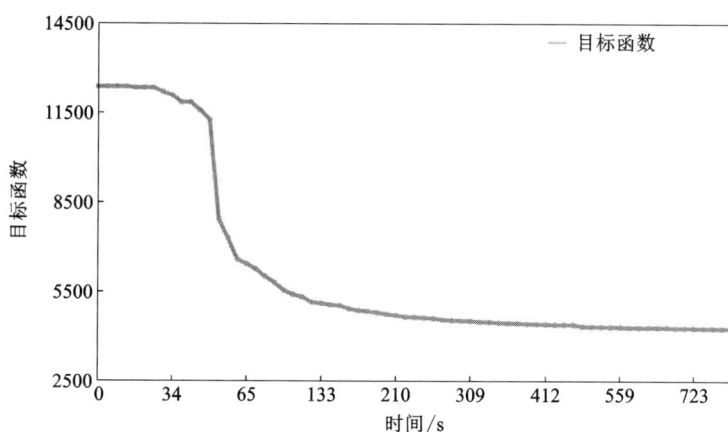

图 5-3　M1 的目标函数值随计算时间的变化情况

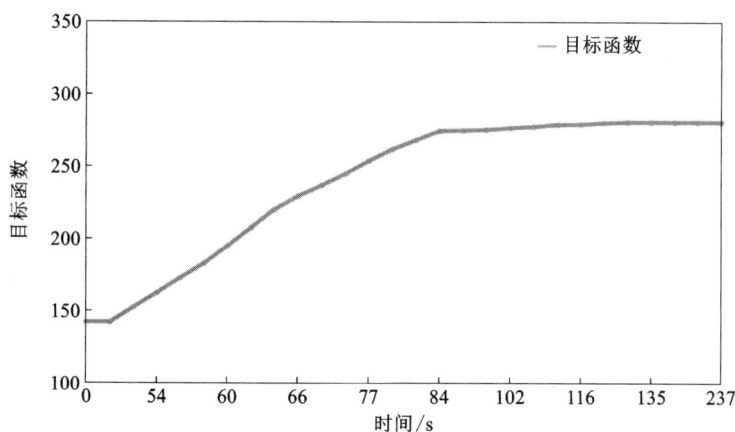

图 5-4　M2 的目标函数值随计算时间的变化情况

表 5-2 从平均旅行速度、平均停站次数和平均停站时间等角度，对比了实际的京沪高速铁路运行图、利用模型 M1 计算得到的运行图（M1 运行图）以及利用模型 M2 计算得到的运行图（M2 运行图）。将 M1 运行图与实际的列车运行图进行对比，平均停站次数降低了 46%、平均停站时间降低了 58%、越行次数降低了 69%，平均旅行速度提高了 10.2%。将 M2 运行图与实际的列车运行图进行对比，开行的列车数量提高了 41%。从结果可以看出，我们提出的模型和算法能够有效地提高列车运行图的编制质量和乘客的出行效率。

表 5-2　三种方案的结果对比

参数	实际数据	M1 运行图	M2 运行图
列车数量	142	142	200
平均旅行速度/(km·h⁻¹)	216.1	238.2	213.2
平均停站次数	5.2	2.8	5.2
平均停站时间/min	16.2	6.8	15.8
越行次数	124	38	281
G 列车最大停站时间/min	12	7	12
D 列车最大停站时间/min	34	25	28

如表 5-3 所示是针对京沪高速铁路线路设计的五种案例，其中 Y 表示车站是可变停站车站，也就是生成时空网络时在此站同时生成车站停站弧段和车站通过弧段，列车可以根据需要选择停站或者通过车站；N 表示车站是固定停站车站，列车在此站是通过还是停站需要根据停站方案指定。案例 1~3 是利用模型 M1 进行求解的，案例 4 和 5 是利用模型 M2 进行求解的。

表 5-3　设计的五种案例

车站	案例				
	1	2	3	4	5
1	N	N	N	N	N
2	N	Y	Y	N	Y

续表5-3

车站	案例				
	1	2	3	4	5
3	N	Y	Y	N	Y
4	N	Y	Y	N	Y
5	Y	N	Y	N	Y
6	N	Y	Y	N	Y
7	N	Y	Y	N	Y
8	Y	N	Y	N	Y
9	N	Y	Y	N	Y
10	N	Y	Y	N	Y
11	N	Y	Y	N	Y
12	N	Y	Y	N	Y
13	N	Y	Y	N	Y
14	Y	N	Y	N	Y
15	N	Y	Y	N	Y
16	Y	N	Y	N	Y
17	N	Y	Y	N	Y
18	N	Y	Y	N	Y
19	N	Y	Y	N	Y
20	N	Y	Y	N	Y
21	N	Y	Y	N	Y
22	N	Y	Y	N	Y
23	N	N	N	N	N

接下来我们对本章提出的算法加速策略进行详细的测试。表 5-4 为上面提到的 5 种案例分别在以下五种方案中计算的结果，其中时间的单位是秒。"Gap"代表问题上、下界的偏离程度，可以用式(5-17)计算。我们设定全部案例的 Gap 值小于等于 0.18 即达到标准，算法的最长迭代次数为 3000 次。

$$(UB-LB)/UB \leqslant \varepsilon \qquad (5-17)$$

式中：ε 为迭代结果判定阈值。

方案 1：仅使用一般的分支定价算法进行计算。

方案 2：利用分支定价算法和列池管理策略、初始解迭代策略进行计算。

方案 3：利用分支定价算法和提前分支策略、列替换策略进行计算。

方案 4：利用分支定价算法和延时约束策略、后处理策略进行计算。

方案 5：利用分支定价算法和提出的 9 种加速策略进行计算。

表 5-4　加速策略效果测试

案例	方案 1		方案 2		方案 3		方案 4		方案 5	
	时间/s	Gap	时间/s	Gap	时间/s	Gap	时间/s	Gap	时间/s	Gap
1	2564	0.302	1847	0.282	1215	0.287	780	0.125	223	0.109
2	2441	0.63	2187	0.522	1015	0.522	2301	0.515	178	0.162
3	4019	0.61	1945	0.600	2164	0.600	1364	0.184	325	0.154
4	2028	0.455	1327	0.455	907	0.460	544	0.345	106	0.363
5	2575	0.463	2319	0.463	1520	0.470	867	0.325	317	0.288
平均	2725	0.492	1925	0.464	1364	0.468	1171	0.299	230	0.215

从表中可以看出，我们提出的加速策略在保证精度的前提下均能明显提高算法的计算效率。其中采用全部加速策略(方案 5)的案例相对来说效果是最好的，与仅使用一般分支定价算法(方案 1)相比，算法的运算效率平均提高了 11.8 倍，Gap 值平均降低了 56%；采用方案 4 的案例也取得了相对较好的效果，这是因为延时约束策略可以有效减少新列与限制主问题中的列的冲突，保证了新列降低目标函数值的效果；方案 1 的表现是最差的，平均计算时间在 45 分钟左右，其中比较耗时的是整数求解阶段；采用方案 2 和方案 3 的案例对于加速算法也起到了一定的作用，这一方面说明加速策略是有效的，另一方面其有限的效果主要是因为没有采用延时约束策略，使得新加入的列不能很好地达到减少目标函数值的效果，从而增加了迭代次数和限制主问题的规模，延长了计算的时间。

图 5-5 是案例 1(实际的京沪高速铁路)列车运行图，图 5-6 是案例 3 优化后的列车运行图，图 5-7 是案例 5 优化后的列车运行图。其中图 5-6 与图 5-5 相比，列车的平均停站次数和停站时间有明显的减少。图 5-7 中列车的开行密度更高。

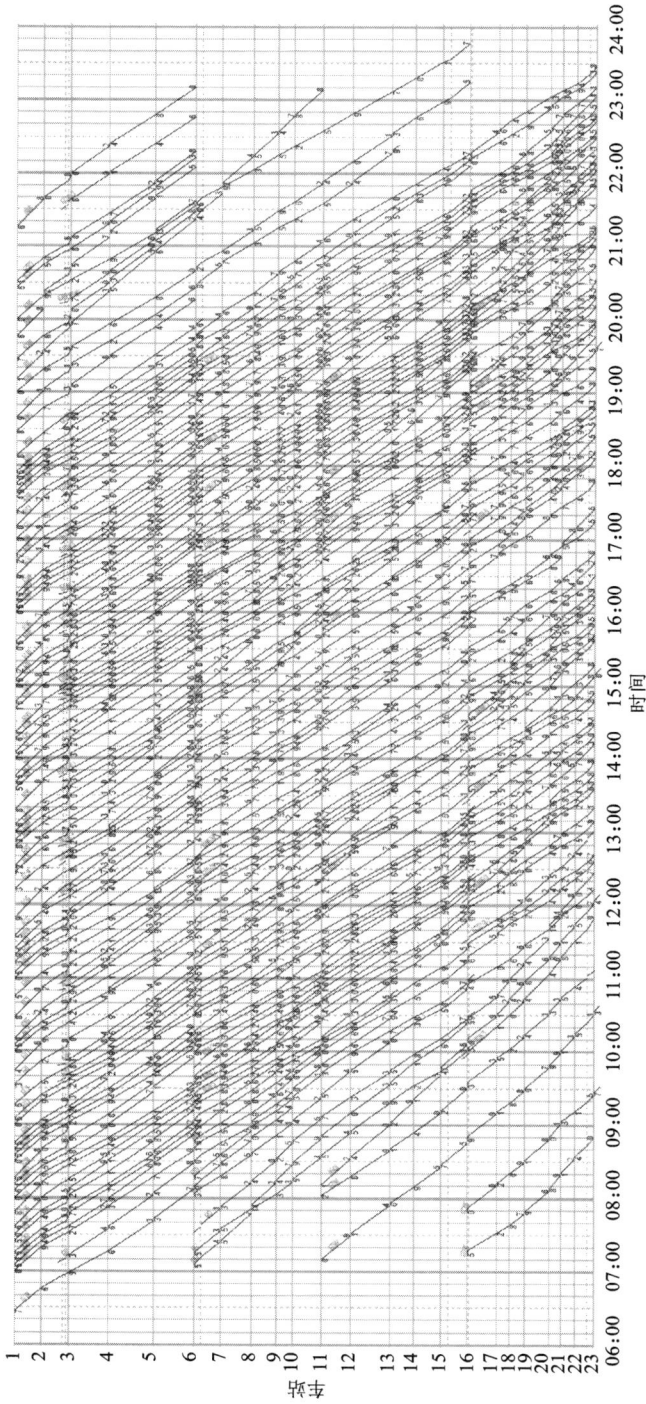

图5-5　案例1的列车运行图

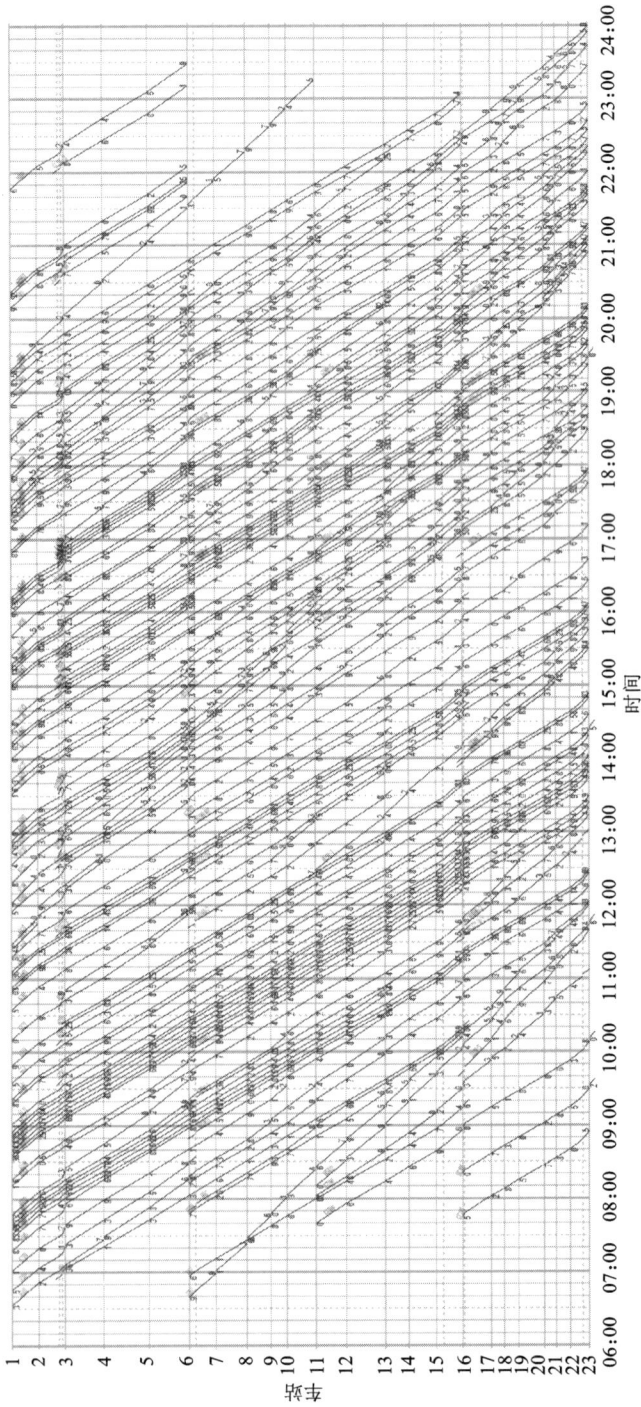

图5-6　案例3优化后的列车运行图

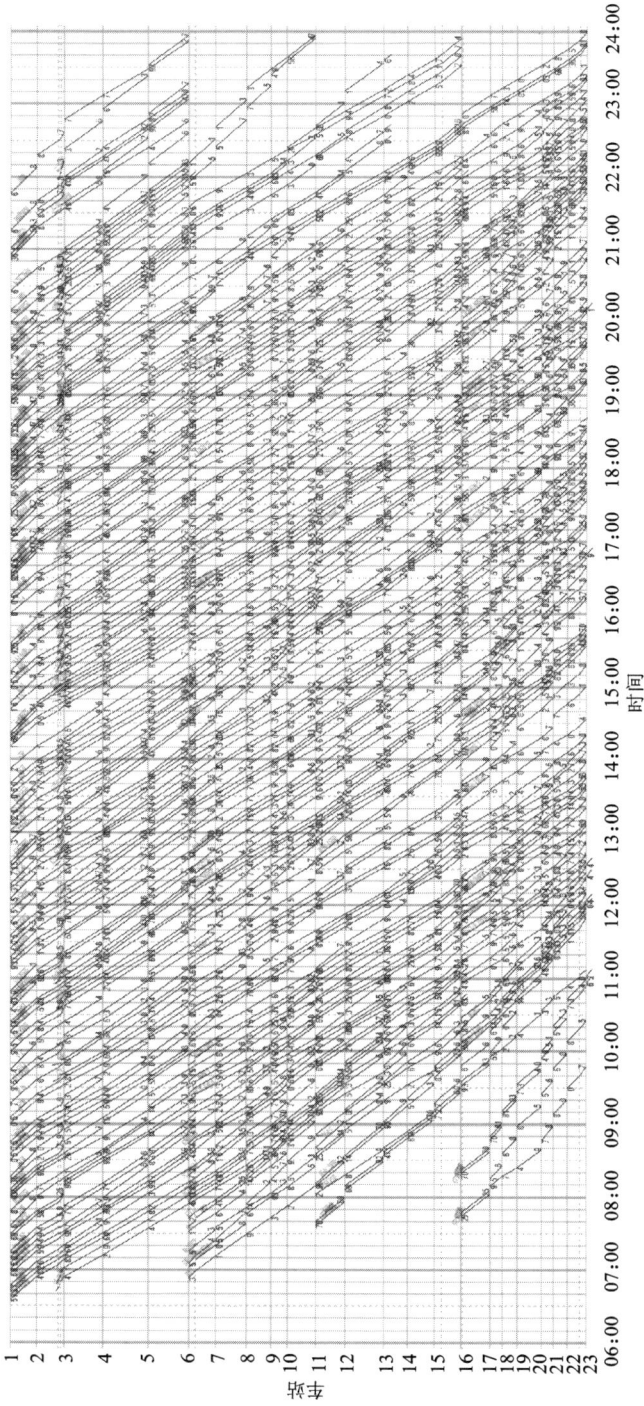

图 5-7　案例 5 优化后的列车运行图

119

如图 5-8 是采用全部加速策略的计算结果。横坐标代表部分定价策略中 m（每次迭代计算的列车数量）分别取 5、15、30、45、60、75、90、105、120 和 142。纵坐标是算法取得全局近似最优解的时间。从图中可以看出 m 取不同的参数对算法的性能有较大的影响。总体来说，当 m 取 60 的时候算法的计算速度是最快的，这主要是因为每次迭代计算的子问题数量比较适中。如果每次迭代计算的子问题数量较少，虽然子问题的计算速度较快，但是算法容易陷入局部最优，而且频繁地启动限制主问题的计算也会给算法带来负担。如果每次迭代计算的子问题数量较多，一方面子问题的计算速度较慢，另一方面容易导致由相同对偶变量生成的路径趋向于覆盖相同弧段的问题。

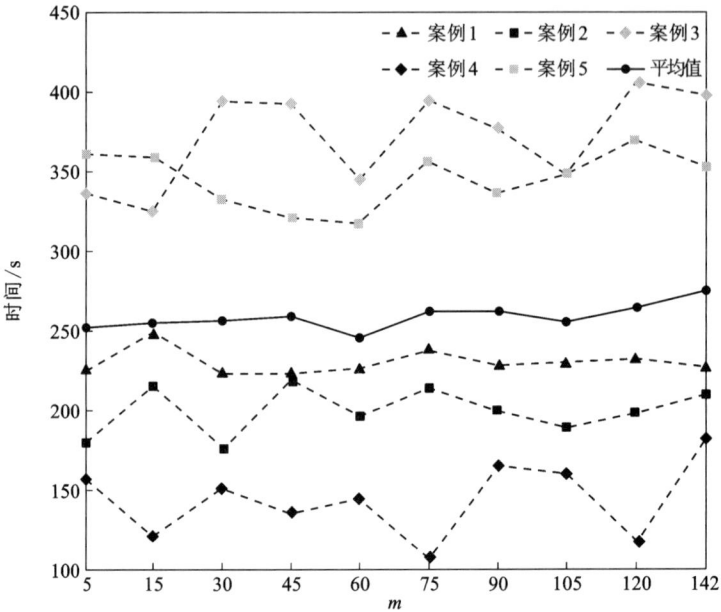

图 5-8　采用全部加速策略的计算结果

附　录

附表1　第5章算例的 OD 服务频率数据

车站	1	2	3	4	5	6	7	8	9	10	11	12	13	14	15	16	17	18	19	20	21	22	23
1	—	8	11	8	8	14	8	8	8	8	11	8	11	2	8	14	9	5	8	8	10	8	14
2		—	5	2	2	8	2	2	2	2	5	2	5	1	2	8	1	2	2	2	4	2	8
3			—	5	5	11	5	5	5	5	8	3	8	0	4	11	1	2	5	3	7	3	11
4				—	2	8	2	2	2	2	5	2	5	2	2	8	3	2	2	2	4	2	8
5					—	8	2	2	2	2	5	2	5	2	2	8	3	1	2	2	4	2	8
6						—	8	8	8	8	11	8	11	3	8	14	9	7	8	8	10	8	14
7							—	2	2	2	5	2	5	1	2	8	3	1	2	2	4	2	8
8								—	2	2	5	2	5	0	2	8	3	2	2	2	4	2	8
9									—	2	5	2	5	2	2	8	3	2	2	2	4	2	8
10										—	5	2	5	1	2	8	3	2	2	2	4	2	8
11											—	5	8	5	5	11	6	5	5	5	7	5	11
12												—	5	2	2	8	3	2	2	2	4	2	8
13													—	3	5	11	6	5	5	5	7	5	11
14														—	2	6	2	2	2	2	4	2	8
15															—	8	3	2	2	2	4	2	8
16																—	9	8	8	8	10	8	14
17																	—	3	3	3	5	3	9
18																		—	2	2	4	2	8
19																			—	2	4	2	8
20																				—	4	2	8
21																					—	4	10
22																						—	8
23																							—

参考文献

［1］ 国家铁路局.高速铁路设计规范（TB 10621—2014）［S］.北京：中国铁道出版社，2015.

［2］ 中华人民共和国国家发展和改革委员会.关于印发《中长期铁路网规划》的通知［Z］. 2016-7-13.

［3］ 毕思源，朱鹏，刘东，等.铁路客运专线开行方案理论研究［J］.中小企业管理与科技（上旬刊），2015(9)：169.

［4］ 荣剑.列车运行图编制管理优化研究［J］.铁道运输与经济，2019，41(2)：27-31.

［5］ 杨浩.铁路运输组织学［M］.4版.北京：中国铁道出版社，2015.

［6］ Polinder G J, Breugem T, Dollevoet T, et al. An adjustable robust optimization approach for periodic timetabling［J］. Transportation Research Part B：Methodological, 2019, 128：50-68.

［7］ 吴启琛.城市轨道交通列车运行图评估体系研究［J］.科技创新与应用，2022，12(15)：68-71.

［8］ 金波，郭佑星，王青元，等.考虑大小交路的时刻表与车底运用计划一体化编制方法［J］.中国铁道科学，2022，43(3)：173-181.

［9］ Serafini P, Ukovich W. A mathematical model for periodic scheduling problems［J］. SIAM Journal on Discrete Mathematics, 1989, 2(4)：550-581.

［10］ Schrijver A, Steenbeek A G. Dienstregelingontwikkeling voor Nederlandse Spoorwegen NS Rapport Fase 1［J］. Centrum voor Wiskunde en Informatica（Oktober 1993），1993.

［11］ Robenek T, Azadeh S S, Maknoon Y, et al. Hybrid cyclicity：Combining the benefits of cyclic and non-cyclic timetables［J］. Transportation Research Part C-emerging Technologies, 2017, 75：228-253.

［12］ 徐涵, 聂磊, 谭宇燕.基于灵活接续的周期性列车运行图加线模型［J］.铁道科学与工程学报, 2018, 15(9)：2439-2447.

［13］ Zhang Y, Peng Q, Yao Y, et al. Solving cyclic train timetabling problem through model reformulation：Extended time-space network construct and Alternating Direction Method of Multipliers methods［J］. Transportation Research Part B-methodological, 2019, 128：344-379.

［14］ 李天琦, 聂磊, 谭宇燕. 基于换乘接续优化的高铁周期性列车运行图编制研究［J］. 铁道学报, 2019, 41(3)：10-19.

［15］ 汪波, 杨浩, 牛丰, 等.周期运行图编制模型与算法研究［J］.铁道学报, 2007(5)：1-6.

［16］ Kroon L G, Dekker R, Vromans M J C M. Cyclic railway timetabling：a stochastic optimization approach［C］//Algorithmic Methods for Railway Optimization：International Dagstuhl Workshop, Dagstuhl Castle, Germany, June 20-25, 2004, 4th International Workshop, ATMOS 2004, Bergen, Norway, September 16-17, 2004, Revised Selected Papers. Springer Berlin Heidelberg, 2007：41-66.

［17］ Nachtigall K, Voget S. A genetic algorithm approach to periodic railway synchronization ［J］. Computers & Operations Research, 1996, 23(5)：453-463.

［18］ Odijk M A. A constraint generation algorithm for the construction of periodic railway timetables［J］. Transportation Research Part B-methodological, 1996, 30(6)：455-464.

［19］ Fischetti M, Salvagnin D, Zanette A. Fast Approaches to Improve the Robustness of a Railway Timetable［J］. Transportation Science, 2009, 43(3)：321-335.

［20］ Nachtigall K. Periodic network optimization with different arc frequencies［J］. Discrete Applied Mathematics, 1996, 69(1-2)：1-17.

［21］ Caprara A, Fischetti M, Toth P. Modeling and solving the train timetabling problem［J］. Operations Research, 2002, 50(5)：851-861.

［22］ Goverde R M P, Odijk M A. Performance evaluation of network timetables using

PETER[J]. WIT Transactions on The Built Environment, 2002, 61: 731-740.

[23] Kroon L, Maroti G, Helmrich M R, et al. Stochastic improvement of cyclic railway timetables [J]. Transportation Research Part B-methodological, 2008, 42 (6): 553-570.

[24] Liebchen C, Proksch M, Wagner F H. Performance of Algorithms for Periodic Timetable Optimization[J]. Lecture Notes in Economics & Mathematical Systems, 2008, 600: 151-180.

[25] 杨意坚, 何宇强. 基于 Max-plus 方法的列车运行图稳定性评价[J]. 铁道学报, 2009, 31(4): 14-19.

[26] 聂磊, 张渊, 武鑫. 计算机编制周期性列车运行图关键技术[J]. 中国铁道科学, 2014, 35(1): 114-121.

[27] 贾晓秋. 客运专线旅客列车周期运行图的优化理论与方法研究[D]. 成都: 西南交通大学, 2011.

[28] Schlechte, Thomas. Railway Track Allocation: Models and Algorithms[M]. Berlin: Technische University Berlin, 2012.

[29] Cacchiani V, Galli L, Toth P. A tutorial on non-periodic train timetabling and platforming problems[J]. EURO Journal on Transportation and Logistics, 2015, 4(3): 285-320.

[30] Cacchiani V, Jiang F, Toth P. Timetable Optimization for High-Speed Trains at Chinese Railways[J]. Electronic Notes in Discrete Mathematics, 2016, 55: 29-32.

[31] Cacchiani V, Furini F, Kidd M P. Approaches to a real-world Train Timetabling Problem in a railway node[J]. Omega-International Journal of Management Science, 2016, 58: 97-110.

[32] Jiang F, Cacchiani V, Toth P. Train timetabling by skip-stop planning in highly congested lines [J]. Transportation Research Part B Methodological, 2017, 104: 149-174.

[33] Gholamian S A. A discrete-event optimization framework for mixed-speed train timetabling problem[J]. Journal of Industrial Engineering and Management, 2017, 4 (2): 64-84.

[34] Fischer F, Schlechte T. Strong relaxations for the train timetabling problem using

connected configurations［C］//Algorithmic Approaches for Transportation Modeling, Optimization, and Systems, August 17－36, 2017, Zuse Institute Berlin, Berlin, Germany：ATMOS.

［35］黄航飞.城市轨道交通列车运行图优化模型与算法研究［D］.北京：北京交通大学, 2018.

［36］Wang Y, Tang T, Ning B, et al. Passenger-demands-oriented train scheduling for an urban rail transit network［J］. Transportation Research Part C：Emerging Technologies, 2015(60)：1－23.

［37］Feng S, Tangjian W, Wenliang Z, et al. Optimization Method for Train Diagram of High-Speed Railway Considering the Turnover of Multiple Units and the Utilization of Arrival-Departure Tracks［J］. China Railway Science, 2012, 33(2)：107－114.

［38］史峰, 魏堂建, 周文梁, 等.考虑动车组周转和到发线运用的高速铁路列车运行图优化方法［J］.中国铁道科学, 2012, 33(2)：107－114.

［39］路超, 周磊山, 陈然.最大通过能力下高速铁路运行图优化研究［J］.铁道科学与工程学报, 2018, 15(11)：2746－2754.

［40］史峰, 黎新华, 秦进, 等.单线列车运行调整的最早冲突优化方法［J］.中国铁道科学, 2005(1)：107－114.

［41］Cai X, Goh C J. A fast heuristic for the train scheduling problem［J］. Computers & Operations Research, 1994, 21(5)：499－510.

［42］Lee Y, Chen C Y. A heuristic for the train pathing and timetabling problem［J］. Transportation Research Part B-methodological, 2009, 43(8-9)：837－851.

［43］Higgins A, Kozan E, Ferreira L, et al. Heuristic Techniques for Single Line Train Scheduling［J］. Journal of Heuristics, 1997, 3(1)：43－62.

［44］Frank O. Two-way traffic on a single line of railway［J］. Operations Research, 1966, 14(5)：801－811.

［45］Szpigel B. Optimal train scheduling on a single line railway［J］. Operations Research, 1973(72)：344－351.

［46］Brännlund U, Lindberg P O, Nou A, et al. Railway timetabling using Lagrangian relaxation［J］. Transportation science, 1988, 32(4)：358－369.

［47］Zhou X, Zhong M. Bicriteria train scheduling for high-speed passenger railroad planning applications［J］. European Journal of Operational Research, 2005, 167（3）: 752-771.

［48］ Cacchiani V, Caprara A, Toth P, et al. A column generation approach to train timetabling on a corridor［J］. A Quarterly Journal of Operations Research, 2008, 6（2）: 125-142.

［49］ Barrena E, Canca D, Coelho L C, et al. Single-line rail rapid transit timetabling under dynamic passenger demand［J］. Transportation Research Part B-methodological, 2014, 70: 134-150.

［50］ 周磊山, 胡思继, 马建军, 等.计算机编制网状线路列车运行图方法研究［J］.铁道学报, 1998(5): 16-22.

［51］ 彭其渊, 朱松年, 王培.网络列车运行图的数学模型及算法研究［J］.铁道学报, 2001(1): 1-8.

［52］ 史峰, 邓连波, 霍亮.旅客列车开行方案的双层规划模型和算法［J］.中国铁道科学, 2007(3): 110-116.

［53］ 倪少权, 吕红霞, 张杰, 等.基于群体协同的铁路列车运行图编制系统并发控制方法研究［J］.中国科技论文在线, 2009, 4(10): 738-741.

［54］ 王慈光, 闫靖.列车结构变动对车站通过能力影响的研究［J］.中国铁道科学, 2005(5): 128-131.

［55］ Lai Y, Wang S. Development of Analytical Capacity Models for Conventional Railways with Advanced Signaling Systems［J］. Journal of Transportation Engineering, 2012, 138(7): 961-974.

［56］ 魏玉光, 张红亮, 杨浩.道岔选型对重载铁路车站通过能力影响的研究［J］.中国铁道科学, 2013, 34(4): 95-98.

［57］ 郭晓清.单线铁路区段通过能力计算和系统开发［D］.北京: 北京交通大学, 2015.

［58］ 张小炳, 倪少权, 潘金山.高速铁路列车运行图结构优化研究［J］.西南交通大学学报, 2016, 51(5): 938-943.

［59］ 马寓.基于压缩运行图方法的高速铁路通过能力及其影响因素分析［D］.成都: 西南交通大学, 2017.

［60］ 刘建成.对列车运行图编制及通过能力利用的思考［J］.价值工程, 2018, 37(26):

217-218.

[61] 李慧娟.京沪高速铁路通过能力计算扣除系数法研究[J].铁道运输与经济, 2018, 40(2)：12-17.

[62] 刘广一, 王治.基于列车运行图的现代有轨电车线路通过能力研究[J].城市轨道交通研究, 2019, 22(S1)：46-49+52.

[63] 单秀全.高速铁路通过能力计算及系统仿真研究[D].北京：北京交通大学, 2011.

[64] 张守帅.高速铁路通过能力计算方法研究[D].成都：西南交通大学, 2014.

[65] 吕苗苗, 倪少权, 陈钉均.高速铁路通过能力计算方法研究[J].交通运输工程与信息学报, 2016, 14(1)：19-24.

[66] 王宝杰.京沪高速铁路通过能力影响因素分析[J].铁道运输与经济, 2017, 39(6)：16-21.

[67] 郭彬.高铁大型客运站技术作业综合优化模型、算法与系统研究[D].北京：北京交通大学, 2018.

[68] Canca D, Barrena E, Algaba E, et al. Design and analysis of demand-adapted railway timetables[J]. Journal of Advanced Transportation, 2014, 48(2)：119-137.

[69] Niu H, Zhou X, Gao R, et al. Train scheduling for minimizing passenger waiting time with time-dependent demand and skip-stop patterns：Nonlinear integer programming models with linear constraints [J]. Transportation Research Part B-methodological, 2015, 76：117-135.

[70] Robenek T, Maknoon Y, Azadeh S S, et al. Passenger centric train timetabling problem[J]. Transportation Research Part B-methodological, 2016, 89：107-126.

[71] 吴秀良.高速铁路运输组织管理的实践与思考[J].上海铁道科技, 2017(4)：107-110.

[72] Carey M, Carville S. Scheduling and platforming trains at busy complex stations[J]. Transportation Research Part A-policy and Practice, 2003, 37(3)：195-224.

[73] Zwaneveld P J, Kroon L, Romeijn H E, et al. Routing trains through railway stations：model formulation and algorithms[J]. Transportation Science, 1996, 30(3)：181-194.

[74] Andrea Dariano. Improving real-time train dispatching：Models, algorithms and

applications［D］. Rome, Ph. D. Dissertation. Roma Tre University. 2008.

［75］ Corman F, Dariano A, Pacciarelli D, et al. A tabu search algorithm for rerouting trains during rail operations［J］. Transportation Research Part B-methodological, 2010, 44（1）：175-192.

［76］ 吕红霞, 倪少权, 纪洪业. 技术站调度决策支持系统的研究——到发线的合理使用［J］. 西南交通大学学报, 2000(3)：255-258.

［77］ 张苏波, 廖勇, 邹健康, 等. 基于遗传算法的客运站到发线优化安排［J］. 铁道运输与经济, 2007(11)：24-27.

［78］ 贾俊芳. 旅游列车开行方案经济效益评价方法研究［J］. 北方交通大学学报, 2002(2)：87-90.

［79］ 刘澜, 王南, 杜文. 车站咽喉通过能力网络优化模型及算法研究［J］. 铁道学报, 2002(6)：1-5.

［80］ 陈韬, 吕红霞, 王艳艳. 客运专线车站作业计划编制系统的研究［J］. 铁道运输与经济, 2009, 31(8)：12-15.

［81］ 冯树明. 客运专线车站作业计划编制系统的研究［D］. 成都：西南交通大学, 2008.

［82］ 宋丹丹, 周磊山, 乐逸祥. 高速铁路车站作业计划优化编制方法研究［J］. 物流技术, 2012, 31(23)：279-283.

［83］ Carey M, Crawford I. Scheduling trains on a network of busy complex stations［J］. Transportation Research Part B-methodological, 2007, 41(2)：159-178.

［84］ Rodriguez J. A Constraint Programming Model for Real-time Train Scheduling at Junctions［J］. Transportation Research Part B-methodological, 2007, 41（2）：231-245.

［85］ 毛保华, 王保山, 徐彬, 等. 我国铁路列车运行计划集成编制方法研究［J］. 交通运输系统工程与信息, 2009, 9(2)：27-37.

［86］ 夏明. 高速铁路列车运行图网络协同编制优化方法与关键技术研究［D］. 北京：北京交通大学, 2011.

［87］ 周妍. 高速铁路列车运行图与车站径路计划协同编制理论与方法研究［D］. 北京：北京交通大学, 2013.

［88］ 周文梁, 史峰, 陈彦, 等. 客运专线网络列车开行方案与运行图综合优化方法［J］. 铁

道学报，2011，33(2)：1-7.

[89] Kaspi M，Raviv T. Service-Oriented Line Planning and Timetabling for Passenger Trains[J]. Transportation Science，2013，47(3)：295-311.

[90] 何必胜. 高速铁路列车开行方案与列车运行图协调优化理论与方法研究[D]. 北京：北京交通大学，2014.

[91] Yang L，Qi J，Li S，et al. Collaborative optimization for train scheduling and train stop planning on high-speed railways[J]. Omega-international Journal of Management Science，2016，64：57-76.

[92] Yue Y，Wang S，Zhou L，et al. Optimizing train stopping patterns andschedules for high-speed passenger rail corridors[J]. Transportation Research Part C-emerging Technologies，2016，63：126-146.

[93] 吴婷婷. 基于客流匹配的城市轨道交通列车开行方案与运行图一体化编制研究[D].成都：西南交通大学，2019.

[94] 王闻蓉. 高速铁路列车运行图与动车组运用计划协同优化研究[D].北京：北京交通大学，2020.

[95] 章超. 高速铁路列车运行图与动车组交路协同编制方法研究[D].兰州：兰州交通大学，2019.

[96] 朱翔宇. 高速铁路枢纽站技术作业计划优化编制方法的研究[D].北京：北京交通大学，2012.

[97] 郎越，王建英.高速铁路车站列车进路分配链式优化研究[J].铁道运输与经济，2020，42(11)：30-36.

[98] 宋亚婕. 基于时空网络建模的高铁大站技术作业计划一体化编制研究[D].北京：北京交通大学，2017.

[99] 周妍.列车运行图与车站作业计划协同编制仿真分析[J].系统仿真学报，2018，30(10)：3665-3670.

[100] 钟庆伦. 高速铁路列车停站方案与列车运行图能力关系研究[D].成都：西南交通大学，2016.

[101] 陈秀庆. 高速铁路列车运行图与动车组运用一体化优化研究[D].北京：北京交通大学，2019.

[102] 崔巍. 基于智能优化算法的高速铁路停站方案研究[D].景德镇：景德镇陶瓷大

学, 2020.

[103] 肖薇. 高速铁路列车停站方案与运行图协同优化研究 [D]. 北京: 北京交通大学, 2021.

[104] Zhang Q, Lusby R M, Shang P, et al. Simultaneously re-optimizing timetables and platform schedules under planned track maintenance for a high-speed railway network [J]. Transportation Research Part C: Emerging Technologies, 2020, 121: 102823.

[105] Taguti A. Improvement of border characteristics of jointless track circuit. Electrical Engineering in Japan, 1999, 127 (4), 64-76.

[106] Wang J, Zhou L, Yue Y. Column generation accelerated algorithm and optimisation for a high-speed railway train timetabling problem [J]. Symmetry, 2019, 11(8): 983.

[107] 易敏. 京沪高速铁路列车停站方案优化设计研究 [D]. 成都: 西南交通大学, 2014.